Dr. Diethard Stelzl

Holo Holo

KOHA KOMPAKT

DAS LEBEN IST SCHÖN – KAMAHA O'KE OLA

Dr. Diethard Stelzl

HOLO HOLO

Die hawaiianische Lockerungsmethode

Freude statt Stress

Inhalt

HOLO HOLO

Einführung

HUNA gehört zu den ältesten Weisheitslehren und Wissensspeichern der Menschheit überhaupt. Wörtlich übersetzt bedeutet es »geheimes inneres Wissen«, mit der Erklärung des Geheimnisses in der Bedeutung der beiden Komponenten HU und NA. NA steht für die *ohne* Impuls versehene und nur deshalb negative, passive, aufnehmende, weibliche, linksdrehende Weisheitskomponente der ausschließlich liebenden Urquelle AKUA. HU stellt die auf der Weisheitskomponente aufbauende praktische Anwendung dieses Gedankengutes durch den freien menschlichen Willen als *mit* Impuls versehene und damit positiv polarisierte, aktive, abgebende, rechtsdrehende, männliche Eigenschaft des Weltengeistes dar. Im Ausgleich dieser Polarität von Nehmen und Geben liegt das eigentliche Geheimnis des Nullpotenzials des ausschließlich nur liebenden Schöpfergottes AKUA begründet. Dieses zeigt sich als unbegrenztes Kraftpotenzial, grenzenloses Urvertrauen, tiefer innerer Frieden und Harmonie im Innen und Außen.

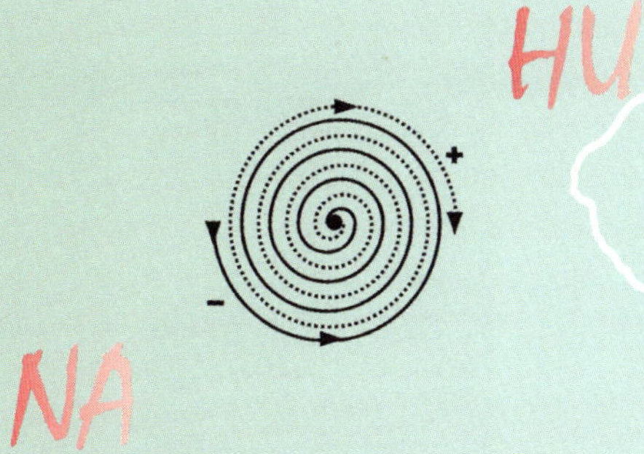

Im Umfeld des Pazifiks wird das Leben der dort ansässigen Menschen seit alters her von der ausschließlich nur liebenden Urquelle AKUA bestimmt. Das Ziel besteht darin, im Einklang mit dem Universum, der Natur, dem Umfeld und den Mitmenschen ein Dasein in Leichtigkeit, Lockerheit, Fröhlichkeit, Freude und innerem Frieden zu führen, um im Innen und Außen die Liebe leben zu lernen.

Die Tradition der westlichen Welt baut demgegenüber seit Jahrtausenden auf der jüdischen und altchristlichen Glaubenslehre auf, gemäß derer bis in die heutige Zeit hinein weitestgehend ein wertender, richtender und strafender Gott die Menschen durch negative Programme wie Druck, Stress, Schuld, diverse Ängste, Starre, Widerstand, Gier, Geiz, Neid, Schmerz und Leid beeinflusst.

Als Hilfsmittel standen den alten Hawaiianern im Rahmen von HUNA seit Tausenden von Jahren zahlreiche Methoden der Reinigung, Aufarbeitung und Umpolung von Negativpotenzialen, einschränkenden Glaubenssätzen, belastenden Gedankenprogrammen und bedrückenden Gefühlsmustern zur Verfügung. Diese haben gerade in der heutigen Zeit, die von immer stärkeren Stress- und Druckprogrammen, von Schuldmustern und tiefgehenden Angstvorstellungen geprägt ist, eine besondere Bedeutung erlangt. HUNA kann eindrucksvolle Wege aufzeigen, die aus der persönlich weit verbreiteten Ansicht der Sinnlosigkeit des Daseins herausführen und das eigene Leben wieder lebenswert erscheinen lassen.

Eine weniger bekannte, aber sehr wirkungsvolle Vorgehensweise in diesem Zusammenhang stellt die hawaiianische Lockerungsmethode des HOLO HOLO dar, der dieses Kompaktbuch gewidmet ist.

HOLO HOLO ist auf den hawaiianischen Inseln seit langer Zeit bekannt. Allgemein bedeutet es: sich bewegen, fließen wie Wasser, sich auf den Weg machen; auf Englisch: GO WITH THE FLOW, bzw. im allgemeinen Sprachgebrauch: HANG LOOSE.

In der traditionellen Lehre beschreibt es ...

- das »Zu-Hause-Sein« in verschiedenen Welten;
- die Freiheit der Bewegung zwischen den Dimensionen;
- die Herstellung der Verbindung zwischen der äußeren Welt (AO)[1] und der inneren Welt (PO), um so zu innerem Frieden und einem erfüllten Leben zu finden;
- ohne einschränkende Erwartungen und subjektive Wertungen achtsam und bewusst das Leben in positiver Neugier annehmen zu lernen;
- das uneingeschränkte Vertrauen zu haben, Sachverhalte und Dinge sich entwickeln zu lassen;
- in jedem Moment und in jeder Hinsicht immer nur die Erwartung der besten Lösung zu haben, wie sich diese auch zeigen und entwickeln möchte.

Eine ausschließlich liebende Urquelle im Zentrum des Herzens im eigenen Inneren kann auch in der Spiegelung im Außen immer nur das eigene Beste wollen. Sich diese Ansicht zu eigen zu machen und sie im Alltag zu leben, bringt ...

... Freude statt Stress.

1 Die hawaiianischen Bezeichnungen werden in diesem Buch in Klammern und versal gesetzt.

ÜBUNG:
Geht es Ihnen einmal schlecht im Leben, sagen Sie mehrmals (vielleicht dreißig oder fünfzig Mal hintereinander) laut: »HOLO HOLO«, und machen dabei mit beiden Händen das HOLO-HOLO-Zeichen (siehe Foto). Dann können Sie nur noch lachen.
Versuchen Sie es einmal. Es funktioniert!

Teil I

GRÜNDE FÜR DIE ANWENDUNG VON HOLO HOLO

1 Grundlagen

1.1 Begriff und Bedeutung

HOLO HOLO (ausgesprochen wie der O-Laut in »Frau Holle«) ist also eine uralte hawaiianische Lockerungsmethode, die im Einklang steht mit weiteren traditionellen Reinigungs-, Umpolungs- und Heilungspraktiken im Rahmen des HUNA-Gedankengutes. Dabei ist HOLO HOLO jedoch mehr als nur eine Methode.

HOLO HOLO
ist eine Lebensphilosophie.

Auf der Grundlage von Leichtigkeit, Lockerheit und Fröhlichkeit steht im Mittelpunkt von HOLO HOLO pure Lebensfreude, die zu innerem Frieden, äußerer und innerer Harmonie, zu mehr Selbstwert, Vertrauen, Eigenliebe und allumfassender Liebe zu allem Sein führt. Mit dieser positiven Lebenseinstellung ist es einfacher, achtsam und bewusst in jedem Augenblick und in jeder Hinsicht im grenzenlosen Vertrauen und in der Liebe zu sein und uneingeschränkt

JA ZU SAGEN ZUM LEBEN: »MEIN LEBEN IST SCHÖN.«

Alles im Leben sind Lernerfahrungen. Auch negative Situationen spiegeln nur das Positive wider und machen jeden Einzelnen in seinen gemachten Lernmustern stärker nach der wichtigsten Zielvorstellung im Leben:

Entwicklung durch Erfahrungen.

Lernen Sie, mit HOLO HOLO uneingeschränkt zu vertrauen und die Dinge ihren Lauf nehmen zu lassen, denn dann ...

... ist alles gut so, wie es ist!

Wie eingangs erläutert, werden Sie zum Stadtschamanen[2], einem Vermittler zwischen der äußeren (AO) und der inneren Welt (PO), den verschiedenen Dimensionen des Universums sowie der Dynamik zwischen Stille, Leere, Ruhe und Bewegung, Schwingung und dem Fluss des Seins.

Engen Sie Ihr Leben nicht mit zu viel Planung ein, sondern bleiben Sie »locker« im Sinne von

GO WITH THE FLOW und/oder HANG LOOSE.

2 Siehe z. B. Serge K. King: Der Stadtschamane.

Genießen Sie uneingeschränkt jeden Augenblick in Ihrem Leben, seien Sie voller Dankbarkeit für die zahlreichen wertvollen Geschenke, die das Universum, die Erde und die Natur im Hier und Jetzt für Sie bereithalten. Oftmals sind es die kleinen Dinge, die viel Freude bringen, nicht die großen. Lernen Sie diese zu schätzen und genießen Sie uneingeschränkt die positive Energie, die sie vermitteln.

Lernen Sie zu leben und nicht nur zu reagieren, zu funktionieren und zu existieren!

Negative Sachverhalte gehören dazu. Aus ihnen kommen nach dem 2. Geistigen Gesetz der Polarität ...

... wichtige Lernerfahrungen in der Spiegelung der Gegensätzlichkeit.

Sehen Sie diese Erfahrungen, auch die vermeintlich negativen, unter dem genannten Aspekt und lernen Sie deren Bedeutung für Ihr Leben wertzuschätzen. Beschäftigen Sie sich mit ihnen und kehren Sie sie in das Gegenteil um. Dazu ist es wichtig, die bedeutendsten Störpotenziale in unser aller Leben näher kennenzulernen.

1.2 Die drei Bewusstseinsebenen und ihre drei Steuerinstanzen (Selbste) nach der HUNA-Lehre

✻ Überbewusstsein und Hohes Selbst

Die Verdichtung des Lichts über Plasma zum Element Feuer der 4. Dimension steht beim Menschen für die spirituelle Identität des Überbewusstseins, entstanden auf Sternen des Sirius im Großen Hund, die »doppelte Polarität« von Licht und Dunkelheit, männlich und weiblich, die »allgemeine Verbindung nach oben« sowie die Annahme und das Leben der eigenen Göttlichkeit als kreativer, universaler Co-Schöpfer im Zwischenhirn (Basalkerne, Epiphyse, Hypothalamus und Hippocampus).

Das Hohe Selbst als Steuerinstanz des Überbewusstseins ist ein selbstständiges, androgynes, d.h. geschlechtsloses Geistwesen, das gleichsam als spirituelles Schutzpotenzial, Führer, Berater und Freund mit dem Menschen immer über eine Silberschnur bzw. AKA-Schnur in Licht und Liebe verbunden ist. Es ist der Botschafter Gottes in uns.

Sitz des Hohen Selbst sind das Herz und die Epiphyse (Zirbeldrüse). Sein Heilaspekt wird durch den Inneren Heiler in Form von Selbstheilungskräften wahrgenommen.

Es ist ein weiser Lehrer mit Zugang zu den universalen Datenbänken der 6. Dimension und den »morphischen und morphogenetischen Feldern« von Menschheit, Ahnen und Erde in der 5. Dimension. Es vermittelt die Verbindung zu den höheren himmlischen Ebenen der Ahnen, Spiritualberater, lichten Channelmedien, Geistführer, Engel, Erzengel, der Christus-Energie und zur liebenden Urquelle AKUA selbst. Es verwaltet den individuellen kosmischen Plan für dieses Leben, der Lebensziel und -sinn festlegt, was auch als »Bestimmung« bezeichnet wird.

Der Mensch denkt – das Hohe Selbst weiß!

Es kommuniziert mit der »lichten Seite des Inneren Kindes« über eine 2. AKA-Schnur, zu vergleichen in etwa mit einem »roten Telefon«. Zwischen dem Hohen und dem Mittleren Selbst und dessen rechter Gehirnhälfte, der Ich-Komponente, gibt es eine 3. AKA-Schnur, quasi als »Handy-Verbindung«. (Siehe Abb. S. 118.)

Dies geschieht über Inspiration in Form von Visionen, Eingebungen, Gedankenblitzen, ekstatischen Zuständen und Weisheitserfahrungen. Das Hohe Selbst hat Zugang zur Liebes- und Lichtenergie und kann erreicht werden über Gebete, Meditationen und Kontemplation, am besten zwischen vier und sieben Uhr morgens. In der Spiritualaura speichert es in »Schwarz-Weiß-Effekten« Seelenverträge, (schwarz-)magische Verbindungen, Gelübde, Fluchenergien, starke Selbstzerstörungsprogramme, Selbstmorde und spirituelle Ahnenprogramme.

❃ Wachbewusstsein (Kopfhirn) und Mittleres Selbst (Ego und Ich – Verstand und Vernunft)

Hier folgte im »Abstieg in die Materie« beim Menschen die Erfahrung des Elements Luft in der 3. Dimension. In der individuellen Evolution geschah dies auf Sternen des Orions, beginnend mit der Entwicklung des freien menschlichen Willens als einmaligem Gottesgeschenk. Hier entstand im restlichen Kopfhirn (Kortex) die Vernunft des Ichs, jedoch noch nicht der Verstand des Ego mit dem logisch-analytischen Denken und der Steuerung der rechten Körperseite. Dies geschah objektbezogen, ausschließlich nach außen gerichtet, erst in Inkarnationen in einen grobstofflichen Körper auf der Erde in der 1. Dimension.

Die Ich-Komponente des Mittleren Selbst in der rechten Gehirnhälfte zeigt die Präsenz und Entwicklung des freien Willens auf der Gedankenebene. Auf den Sternen und Planeten des Orions wurden Ziele, Aufgaben, Tätigkeiten und spätere Berufe bereits festgelegt.

Das Ich hält engen Kontakt zur »lichten Seite des Inneren Kindes« über Intuition – und über diese in Form von Inspiration auch zum Hohen Selbst über die »AKA-Schnüre« Nr. 1 des »schwarzen Telefons« sowie zum Hohen Selbst über »AKA-Schnüre« der Nr. 2 des »roten Telefons«. (Siehe Abb. S. 119.)

Die rechte Gehirnhälfte der kreativ-schöpferischen Ich-Komponente erinnert sich teilweise an Ereignisse aus früheren Leben und steuert die linke Körperseite des Bereichs der passiven, aufnehmenden, intuitiven Erfahrungen. Hier sitzen die höher schwingenden Sinneswahrnehmungen des Hellschmeckens, Hellriechens, Hellfühlens, Hellhörens und Hellsehens.

Das Mittlere Selbst ist also eine selbstständige, dualistische Wesenheit, die als einzige Entscheidungen trifft. Das ist seine wichtigste Aufgabe. Seine Energie ist die Willensenergie als individuell durch verstärkte Atmung und entsprechende Visualisierung verdichtete Lebensenergie. Diese wird benötigt, um Vorstellungen stofflich zu realisieren.

Zum Wachbewusstsein gehört die Mentalaura mit Verdichtungen in pastelligen Farben, aber wenig Formen. Hierzu wurden und werden Gedankenimpulse und Erinnerungen als mentale Glaubenssätze, Gedankenprogramme als mentale Manifestationen, Mentale, Fixationen und »herumschwirrende Gedankensplitter« gespeichert.

❈ Unterbewusstsein und Unteres Selbst (Inneres Kind)

Als nächster Schritt der menschlichen Evolution folgte in der 2. Dimension die Verdichtung des Elements Luft zum Element Wasser von Gefühlen und Emotionen auf den Sternen der Plejaden. Hier entwickelten sich entsprechende positiv und/oder negativ polarisierte Charaktereigenschaften.

Die Ebene des Unterbewusstseins wird gesteuert vom Unteren Selbst (Inneren Kind). Dieses stellt ebenfalls eine selbstständige Wesenheit dar, die man sich zur besseren Zusammenarbeit als Mädchen oder Jungen im Alter von vier bis sieben Jahren vorstellen kann. Es besucht quasi die »Grundschule« und lernt bis zur Volljährigkeit. Dann geht es, entwickelt sich zu einem Mittleren Selbst, welches sich später Wissen im »Gymnasium« aneignet, und wird nach dem Weggehen automatisch durch ein neu hinzukommendes Unteres Selbst ersetzt.

Wie bei einem Eisberg stellt der Aktionsradius des Mittleren Selbst nur dessen Spitze, jener des Unteren Selbst jedoch seinen unter Wasser befindlichen Hauptanteil dar.

Das Untere Selbst (Innere Kind) ist u.a. zuständig für …

- alle Gefühle,
- das persönliche Resonanzverhalten,

- die emotionale Interpretation der Sinneswahrnehmungen,
- das Langzeitgedächtnis,
- die gesamte Körpersteuerung,
- die Hormonausschüttung,
- den Aufbau, die Speicherung und die Verwendung von Lebens- und Vitalenergie,
- die Speicherung von Karma,
- den Kontakt zum Hohen Selbst durch Inspiration und zum Mittleren Selbst durch Intuition,
- die Verbindung zu Naturgeistern und Elementarwesen.

Es ist vergleichbar mit einem »menschlichen Computer«, der nur das kann, was man ihm beigebracht hat. **Aber es kann nicht entscheiden. Das kann nur das Mittlere Selbst.** Sein Sitz ist der Solarplexus.

Zum Unterbewusstsein gehört die Astralaura, in welcher in Farben und Formen (auch Symbolen) emotionale Glaubenssätze, Gefühlsmuster (Emotionale und emotionale Manifestationen) gespeichert sind. Dies gilt auch für die Karmaspeicherung. (Siehe auch Abb. S. 120.)

In der 2. Dimension kontrolliert zusätzlich das Untere Selbst (Inneres Kind) auch den Ätherbereich mit …

- der Fluidalebene, die auch in den physischen Körper hineinreicht und Sitz von Anheftungen aller Art ist;
- der Energieoptimierungsebene der Chakras, Nadis und restlichen Meridiane;
- der idealen Architektenplanung der »harmonischen ätherischen Blaupause« sowie

- dem Energiekörper (»ätherisches Double«) als perfekte feinstoffliche Wiedergabe des grobstofflichen physischen Körpers.

Das Gesamtsystem »Mensch« ergibt sich also, wie in der Abbildung auf Seite 121 zu sehen.

1.3 Der physische Körper

Als letzter Schritt in der Entwicklung des »Abstieges in die Materie« folgte in der 1. Dimension von Masse, Dichte, atomaren Strukturen und Materie der grobstoffliche, physische Körper. In ihm verdichtete sich das Element Wasser zum Element Erde, obwohl der physische Körper des Menschen immer noch zu fast 70 Prozent aus Wasser besteht. Als »dunkler Spiegel« reflektiert er toxische Verdichtungen, vor allem im Muskel- und Bindegewebe, die negative Störpotenziale im Glauben, Denken und Fühlen wiedergeben. Diese zeigen sich u.a. als Negativpotenziale in den 12 (13) Körperzonen, die gemäß den wichtigsten Geistigen Gesetzen aufgebaut sind und als negative Reaktion deren Nichterfüllung in Form eigener Selbstzerstörungsmuster aufzeigen. (Siehe Abb. S. 122/123.)

Dies hat für deren Aufarbeitung, Umpolung und Löschung durch HOLO HOLO und andere althawaiianische Lockerungsmethoden eine sehr große Bedeutung.

2 Die ganzheitliche Bearbeitung wichtiger Negativpotenziale

2.1 Mangel an Eigenliebe und Selbstvertrauen (HANO HANO)

Jeder Mensch ist Geist vom Geiste Gottes, mit der liebenden Urquelle permanent über das Nullpunktfeld und die Nullpunktenergie der Quantenphysik verbunden. Dabei steht im Sinne der »Quantenverschränkung« ...

... alles mit allem in Verbindung.

Je komplexer eine Struktur bzw. ein Informationsfeld ist, desto höher schwingt es.

Jeder Mensch ist darüber hinaus gleichzeitig Beobachter und Akteur. Damit beeinflusst er mit seinem individuellen Bewusstsein als wichtigem Aspekt des allumfassenden, universalen Bewusstseins in jedem Moment (→ Zeit) und in jeder Hinsicht (→ Raum) auch Umwelt und Umfeld als göttlicher Co-Schöpfer und »verlängerter Arm der Urquelle«.

Voraussetzung hierfür ist jedoch die uneingeschränkte Annahme und das aktive Leben der eigenen Göttlichkeit, wie in der Meditation »Mein Weg zur Urquelle« auf der CD »Durch Erleuchtung zur Erlösung« erfahrbar. Dies gilt im Innen für einen selbst, führt zu höherer Eigenliebe und zu größerem Selbstwert. Es lässt den Einzelnen ...

... in die individuelle Kraft kommen.

Es hat jedoch auch einen Bezug nach außen und führt dort zu Charisma, Annahme und Unterstützung durch andere. Mögliche Aus-, Ein- und Abgrenzungen sowie das Erleben von subjektiv erfahrenen Grenzüberschreitungen durch andere im Resonanzverhalten verlieren dann ihre Belastung für einen selbst.

2.2 Stress und Druck (HO'OKAHOMI und HILINA)

Druck-Programme entstehen nach althawaiianischer Auffassung größtenteils aus Glaubenssätzen, Gedanken- und Gefühlsmustern, Ahnen- und Fremdprogrammen sowie aus Umfelderfahrungen in der Kindheit und als negative Erinnerungen aus der Vergangenheit. Sie sind vor allem im Bauchhirn um den Nabel sowie im Hinterkopf im Langzeit-Zellgedächtnis gespeichert.

Neben einer ungesunden Ernährung und dem Fehlen von sinnvoller Bewegung ist heutzutage Stress die größte Belastung für die menschliche Gesundheit.

❉ Stress: Die »Pest der Neuzeit«

Allgemeines

Stress (engl.: Druck, Anspannung, haw.: HO'OKAHOMI) kann als die »Pest der Neuzeit« bezeichnet werden, die Ursache der meisten schweren Krankheiten. Er wird durch bestimmte äu-

ßere Faktoren, sogenannte Stressoren, ausgelöst, was zu physischen, psychischen und mentalen Reaktionen führt, deren Bearbeitung oftmals besondere Belastungen zur Folge haben kann, beispielsweise Ängste, Schuldkomplexe, Festhalten, Starre, psychische Verletzungen, Ausgrenzungen usw.

Körperliche Auswirkungen von Stress

Der Körper reagiert auf Stress mit der Ausschüttung von Botenstoffen wie Cortisol im Gehirn sowie von Adrenalin im Blut.

Regelmäßige Pausen und sich wiederholende Ruhephasen beim Denken als Lockerung im Sinne von HOLO HOLO tun den Steuerzentralen des menschlichen Gehirns gut. Dies gilt für den hinter der Stirn liegenden Präfrontalkortex genauso wie für die Basalganglien, den Hypothalamus und das Angstzentrum der Amygdala.

Aufgrund von Überforderung sorgt die Amygdala dafür, dass im Hirnstamm größere Mengen der Botenstoffe Noradrenalin und Dopamin ausgeschüttet werden. Diese sollen Stress und die ihm zugrundeliegenden Ängste positiv beeinflussen.

Dabei entstehen durch Dauerbelastung u.a. in der Amygdala neue Nervenfortsätze (Dendriten). Diese steigern die Angstzustände im Gehirn, während jene im Entscheidungszentrum des Präfrontallappens im Großhirn (Kortex) verkümmern. Dadurch kommt es zu langfristigen Störungen in der rationalen Steuerung. Probleme in der mentalen Entscheidungsfindung und Orientierung sowie Entscheidungslosigkeit sind die Folge. Zweifel und Unsicherheit machen sich breit, Gedanken und Gefühle der Ohnmacht, der Hilflosigkeit und des Ausgeliefertseins werden übermächtig.

Wird jedoch Zweifel zur Gewohnheit, so zerstört er alles, insbesondere die Effizienz des Denkens. Wenn die positive Sicht der Dinge niemals berücksichtigt und im täglichen Leben alles nur immer negativ gesehen wird, lähmt dies das Denken, Fühlen und Handeln.

Am besten kann man diese Negativpotenziale umwandeln und auflösen, indem man viel lobt und bewusst das positive Denken fördert. Arbeiten Sie damit die vorhandenen Negativprogramme ruhig und mit Gelassenheit auf.

2.3 Angst (HOPOHOPO), Sorgen und Furcht

✤ Sorgen (PILIKIA) als »wirksame Nadelstiche«

Sorgen sind nicht unbedingt immer schmerzhaft, aber hartnäckig und permanent vorhanden. Sie vergiften und lähmen die Gedanken und Gefühle, den Glauben an das Gute und das Handeln. Verdichtet können sie sich zu Glaubenssätzen und Fixierungen entwickeln und somit die einzige akzeptierte Wahrheit darstellen. Damit schließt sich ein Teufelskreis.

Hierbei hat sich folgendes Vorgehen als nützlich erwiesen:

- Vermeiden Sie jeden verletzenden Gedanken über sich selbst und andere.
- Denken Sie im Ansatz immer positiv. (»Ich bin gesund!«, nicht: »Ich bin nicht krank.«)
- Vermeiden Sie jede verletzende Emotion gegenüber sich selbst und anderen.
- Bauen Sie noch bestehende Verhaftungen aus der Vergangenheit konsequent, systematisch und einzeln ab.
- Kommen negative Gedanken oder Gefühle auf, so wandeln Sie diese in positive um, anstatt sie im negativen Bereich zu belassen.
- Atmen Sie immer harmonisch und ernähren Sie sich gesund.
- Verhelfen Sie sich und anderen zu Lebensfreude, wo immer es geht.
- Beten und meditieren Sie regelmäßig.

- Sie können anderen nur sinnvoll helfen und sind von Wert für sie, wenn Sie selbst in Ordnung sind.
- Handeln Sie gemäß dem wahrscheinlich wichtigsten Satz der Bibel: »Liebe deinen Nächsten wie dich selbst!«
- Nehmen Sie sich selbst öfter in den Arm.

Furcht (PILIKIA) – der »kleine Bruder« der Angst

Furcht zieht Energie ab, begrenzt die eigene Freiheit des Denkens, Fühlens und Handelns, belastet persönliche Beziehungen, reduziert die eigene Konzentration aufgrund einer einschränkenden Erwartungshaltung und lenkt die Aufmerksamkeit und damit den Energiefluss in eine negative Richtung.

Das Gegenmittel ist Hoffnung in Form einer positiven Erwartungshaltung.

Angst führt zu Starre und Lähmung

Angst ist in der praktischen Auswirkung das vielleicht stärkste Nullpotenzial. Sie kann bis zur absoluten Starre und Lähmung führen. **Die größte Belastung geht dabei meistens nicht von der Angst als solcher aus, sondern vielmehr von »der Angst vor der Angst«.**

Zu den häufigsten Ängsten gehört die Angst ...

- vor dem Annehmen der eigenen Göttlichkeit,
- nicht ins Licht zu kommen,
- ungeliebt, ausgegrenzt, alleine gelassen zu sein,
- Fehler zu machen, zu versagen,
- vor Enge und/oder Dunkelheit,
- vor Veränderung,
- vor Verlust und Verlassenwerden,
- vor Verletzung und Schmerzen,
- vor dem Tod, vor dem Leben, vor Krankheit,
- vor materiellen, finanziellen, beruflichen Existenzproblemen,
- vor Schuld,

- vor Armut,
- vor emotionalen Schwierigkeiten, disharmonischen Beziehungen und Partnerschaften,
- vor bestimmten Tieren,
- vor Dunkelheit,
- vor Katastrophen und Kriegen,
- vor Not und Entbehrung,
- vor der Technik.

Verantwortung für die eigenen Ängste übernehmen

Wie immer sind Sie der kreative Co-Schöpfer Ihrer Wirklichkeit, also auch Ihrer Ängste, und dies vielleicht sogar bereits seit langer Zeit, also seit vielen Leben in physischen Inkarnationen.

Sie alleine sind für Ihre Ängste verantwortlich. Sie haben sie erschaffen.

Ängste als Gefühle des Bauchhirns sitzen vor allem in der Blase. Sie zeigen sich jedoch auch in bestimmten neuronalen Schaltkreisen und vor allem in der Amygdala (Mandelkern) im Zwischenhirn in der linken und in der rechten Gehirnhälfte jeweils vor den Ohren.

Leben, ich liebe dich!
Leben, ich liebe dich!
Leben, ich liebe dich!

Das Wichtigste im Umgang mit der Angst ist deren Annahme, Bewusstmachung und die Erkenntnis der mit ihr verbundenen Lernerfahrung. Am Anfang steht die Feststellung: **»Ja, ich habe Angst und stehe dazu.«**

Um die »Angst vor der Angst« zu verlieren, ist es sinnvoll, ihr einen Namen zu geben und damit eine direkte Kommunikation mit diesem negativen Energiepotenzial bzw. den vielleicht in ihr verdichteten eigenständigen Wesenheiten herzustellen, z. B. »dem kleinen Hüter der Schwelle« als Konzentration aller meiner negativen Gefühle aus diesem Leben. Diesen begegne ich nunmehr bewusst mit Impulsen der Achtung und Anerkennung, des Verständnisses, der Güte und der Liebe. Dann wird die Angst allmählich schwächer, um vielleicht nach und nach ganz zu verschwinden.

Umpolung von Angst durch Freude (OLI OLI)

Nachdem es sich bei der Angst meistens um ein gedanklich begründetes Gefühlsmuster handelt, ist es sinnvoll, die gespeicherten Bilder bewusst umzupolen und emotional »umzuerleben«. Erfahrungen der Freude und des Glücks ersetzen dann die belastenden alten Muster der Angst.

Vorschlag: Fertigen Sie achtsam und bewusst ein Fotobuch mit Bildern der Freude an und ersetzen Sie Ihre Gedanken und Gefühle der Angst, indem Sie ein bestimmtes aufbauendes Foto über längere Zeit anschauen.

2.4 Schuld (HEWA) und Sünde (KAPUA)

❉ Die Entstehung von Schuldkomplexen

Schuld entsteht als Gedankenimpuls durch das Denken im Wachbewusstsein und dessen Steuerinstanz, das Mittlere Selbst der linken (Ego) und der rechten Gehirnhälfte (Ich). Alles, was im Denken, Fühlen, Glauben, Sprechen und Tun willentlich und wissentlich gegen das einzige HUNA-Gebot »Nie verletzen – immer helfen« verstößt, führt zur »toxischen Verdichtung« eines individuellen Schuldkomplexes in den Gedanken.
Zuständig hierfür sind die Mamillarkörper vor dem Zwischenhirn. Diese sind sehr oft verbunden mit der nahe gelegenen Amygdala, dem Zentrum der Angst, sodass sich als verstärktes Selbstzerstörungsprogramm der Komplex »Angst vor der Schuld« ergibt, der den feinstofflichen, oft karmischen Hintergrund vieler neuronaler Bewusstseinsstörungen bilden kann.

Auch hier gilt, dass karmische Verdichtungen einer belastenden Vergangenheit als unerledigte Hausaufgaben uns den Anlass geben, aufgrund des Resonanzverhaltens unseres physischen Körpers als »dunklem Spiegel« darüber nachzudenken, die betreffende Situation anzunehmen, sich mit ihr intensiv zu beschäftigen und eine wichtige Lernerfahrung zu machen. Denn:

**Es gibt nur einen Einzigen,
der mich schuldig
sprechen kann, das bin ich selbst,
und es gibt deshalb nur einen Einzigen,**

der mich von Schuld freisprechen kann, das bin auch ich selbst.

Schuldig bin ich also nur dann, wenn ich mich selbst schuldig spreche und dies auch so empfinde. Im Bauchhirn gespeichert ist dies im Zellgedächtnis beim Nabel im Jejunum am Ende des Zwölffingerdarms und Beginn des Dünndarms sowie in der Mitte des absteigenden Dickdarms. Aber verantwortlich dafür sind in erster Linie die entsprechenden negativen Gedanken des Ego oder Ichs (Mittleres Selbst) im Kopfhirn. Wie auch hier gilt der Leitsatz

»Ich bin ich. Ich bin, was ich denke. Ich bin, was ich denke, was ich bin, und die Welt ist so, wie ich denke, dass sie ist (also ausschließlich subjektiv ausgerichtet).«

Wird die Schuld als Programm beibehalten, geht man später mit dem betreffenden Thema immer wieder in Resonanz, was auch körperliche Konsequenzen haben kann, z.B. im oberen Teil des absteigenden Dickdarms (was oftmals eine Ursache von Verstopfung ist).

❖ Wie entsteht Sünde?

Sünde (KAPUA = das »Ding, was von innen auffrisst«) entsteht, wenn man willentlich und wissentlich einen Schuldkomplex aufbaut und damit in der subjektiven, eigenen Einschätzung

anderen und/oder sich selbst schadet und diesen Sachverhalt auch mental und emotional als schuldhafte Tat annimmt.

Es ergibt sich eine selbst gemachte Blockade, meist aus Scham und Wut, die das Untere Selbst daran hindert, mit dem Hohen Selbst (»Botschafter Gottes in mir«) als Steuerinstanz des Überbewusstseins der spirituellen Identität in Kontakt zu treten. Dadurch entsteht ein Negativpotenzial im Bauch, verbunden mit den entsprechenden Sinneswahrnehmungen, die mit dem Thema und damit verknüpften Erinnerungen in Resonanz gehen. Symbolisch wird dies bei HUNA dargestellt als Spinnennetz, in welchem sich die negativen Erinnerungen wie Fliegen gefangen haben.

Der Begriff der Sünde ist also nach hawaiianischer Auffassung ausschließlich von Menschen geschaffen und stark sozial, moralisch, ethisch und persönlich geprägt. Deshalb hat nicht jeder Sachverhalt für jeden Menschen dieselbe Bedeutung. Die subjektiven Unterschiede führen also zu unterschiedlichen individuellen Bewertungen.

❃ Wie wirkt Sühne (KALA'HALA'I)?

Sühne (KALA'HALA'I) stellt dabei die Brücke zwischen Vergebenhaben und Vergebenwerden dar.

Durch eine neue Programmvorgabe des Mittleren Selbst, verbunden mit einer emotionalen und durch Sinneswahrnehmungen nachvollziehbaren, subjektiven, vom Unteren Selbst als Opfer empfundenen Gegenleistung entsteht ein für alle Beteiligten annehmbarer Ausgleich. Die individuelle Belastung durch die Schuld wird dann durch die Sühne ausgeglichen, wechselseitige Vergebung kann einsetzen, das vordem vorhandene Schuldprogramm aufgelöst und losgelassen werden.

❈ Die Auflösung von Schuldpotenzialen

Eine Befreiung von Schuldprogrammen tritt dann ein, wenn man sich mental und emotional vor Augen führt, dass es objektiv, aus der Sicht des Nullpunktfeldes, im Universum und in der Beurteilung durch die liebende Urquelle gar keine Schuld gibt. Letztere entsteht ausschließlich subjektiv im eigenen Glauben, Denken und Fühlen als ein Weg, durch individuelle Lernprozesse weiterzukommen.

Täter und Opfer zeigen nur zwei Seiten derselben Medaille auf. Durch wechselseitige Entschuldung, durch Verzeihen und Vergebung können Verdichtungen aufgelöst, durch Selbstvergebung gelöscht und losgelassen werden.

Lassen Sie die Vergangenheit vergangen sein, besonders dann, wenn die damit verbundenen Lernprozesse abgeschlossen sind. HOLO HOLO hilft Ihnen dabei.

2.5 Wut (HUHU) ausleben

✻ Annahme und Befreiung

Wut ist grundsätzlich eine wichtige und lebensnotwendige Reaktion. Wird sie erlebt in der individuellen Bearbeitung und dem Verständnis der damit verbundenen Lernerfahrung eines körperlichen Schmerzes, der Unterdrückung von Groll und Ärger, dem Eintauchen in ein Schockerlebnis oder eine emotionale Enttäuschung sowie in der praktischen Umwandlung von Trauer in Akzeptanz und Verständnis der zugrundeliegenden Situation, so wirkt sie positiv aufbauend für spätere Lebenssituationen.

Gemäß dem umfassenden Leitsatz »Entwicklung durch Erfahrungen« bedeutet dies, möglicherweise aus einer subjektiv idealisierten Erwartungssituation herauszugehen und (endlich) eine gegebene Situation und damit die aktuelle Wirklichkeit ohne Schnörkel anzunehmen, so wie sie eben ist.

Das zuständige Körperorgan für »heiße Wut« ist die Leber. Sie hält über Jahre hinweg viel aus, steht positiv für Lebensbejahung und negativ für Selbstzerstörung, ist jedoch schwer wiederaufzubauen, wenn sie über längere Zeit überdurchschnittlich stark belastet wurde.

Der Umgang mit »heißer« und »kalter« Wut

Entlastung bietet die Umsetzung von »heißer Wut« in extreme körperliche Bewegung, beispielsweise in Form von Sandsack-Boxen, Joggen, Disco-Dance, Stampfen oder Einschlagen auf ein »Wutkissen« oder auch durch lautes Schreien.

Durch das Ausleben der Wut erfolgt ihre Akzeptanz sowie die Annahme des ihr zugrundeliegenden Sachverhaltes. Dies führt zu echter mentaler, emotionaler und körperlicher Freiheit.

Die für »kalte Wut« zuständigen Körperzonen sind die Lungen, die Bronchien und der Hals mit der Schilddrüse. Sie werden abgeschnürt, die Luft bleibt weg, und die Brust ist wie gelähmt. »Geben und Nehmen« sind offenkundig nicht im Einklang. Man fühlt sich benützt, nicht anerkannt und eingeengt, und der Körper reagiert entsprechend. Die »innere Harmonie« ist deutlich gestört.

Versuchen Sie Schritt für Schritt durch Beschäftigung mit der Wut, den zugrundeliegenden Sachverhalt zu verstehen, den damit verbundenen Lernprozess anzunehmen und die aufkommende Starre zu überwinden. HOLO HOLO hilft Ihnen dabei.

2.6 Aggression (HO'OI'OI) und Depression (MANAWAI)

Aggression hat ihre Ursache sehr oft in vom Reptiliengehirn im Hirnstamm übernommenen Stressprogrammen wie Kampf, Flucht und Totstellen. Auslöser bilden unbearbeitete karmische Negativpotenziale in Form unerledigter Hausaufgaben. Diese enthalten oftmals untransformierte Informationen mit starker Gewaltanwendung und unverarbeiteten, miterlebten Grausamkeiten. Die sich ergebende Enge und Angst setzt sich als Dauerzustand fest und führt zu Stau, Starre, Bitterkeit und Selbstisolation.

Abhilfe schaffen hier der systematische Aufbau von Vertrauen und Lebensfreude, wie eingangs beschrieben, unterstützt durch HOLO HOLO.

Bei der Depression handelt es sich eindeutig um einen Mangel an Licht, an Quanten der Substanz der Urquelle, Biophotonen also, welche Liebe als Essenz des Weltengeistes in Form entsprechender Informationen in sich tragen. Die dominierende Kraft der Dunkelheit fördert die Angst, führt zu Willenlosigkeit, Apathie, Selbstaufgabe, Mangel an Eigenliebe, Schwermut,

Abwesenheit von Aktivitäten der positiv ausgerichteten lichten Steuerinstanzen wie dem Hohen Selbst, der Ich-Komponente des Mittleren Selbst sowie der lichten Seite des Unteren Selbst (des Inneren Kindes). Körperlich kann dies zu einem »Burnout« führen.

Durch aktives Tun muss langsam die Eigenverantwortung gestärkt werden, um gezielt Eigenliebe und Lichtenergien über das Hohe Selbst aufzubauen. Leichtigkeit, Fröhlichkeit und Freude müssen wieder eine aktive Rolle im Leben spielen im Sinne von ...

»MEIN LEBEN IST SCHÖN«.

Die mangelnde Kommunikation der drei Selbste muss über entsprechende Meditationen verstärkt werden, um dem vordem aufgebauten starken Egoismus mit seiner überzogenen persönlichen Erwartungshaltung entgegenwirken zu können. Damit reduzieren sich die Starre, der Widerstand und die aufgebaute Isolationsneigung verbunden mit starken Selbstzerstörungstendenzen auf ein deutlich niedrigeres Niveau.

Besonders wichtig ist die mit HOLO HOLO gelebte Lockerheit, Leichtigkeit, Fröhlichkeit und Freude am Leben und am eigenen Sein.

Hawaii
Aloha

Teil 2

AUFBAU UND ANWENDUNG VON HOLO HOLO IM ALLTAG

1 Grundaussage und Bedeutung

Im Rahmen des HUNA-Gedankengutes ist – wie eingangs erwähnt – die althawaiianische Lockerungsmethode HOLO HOLO eine Lebensphilosophie.

Das Einlassen auf diese Art des Glaubens, Denkens, Fühlens, Kommunizierens und Tuns verändert komplett die eigene Sichtweise des Handelns und Seins. Vermeintlich allgegenwärtige Negativpotenziale wie *Mangel an Eigenliebe, Selbstwert, Anerkennung, Ur- und Selbstvertrauen, Eigenverantwortung, Zweifel, Unsicherheit, Ohnmacht, Orientierungslosigkeit, Sorgen, Furcht, Ängste, Schuldprogramme, Druck, Stress, Wut, Groll, Ärger, Trauer, Enttäuschung, Unzufriedenheit mit sich und der Welt, Arroganz, Hochmut, Manipulation, Mitleid, Starre, Widerstand, Kleinkariertheit, Sturheit, Hass, Eifersucht, Geiz und Neid* werden ersetzt durch positive Programme der *Lockerheit, Leichtigkeit, Fröhlichkeit, Freude, des inneren Friedens, von Harmonie, Demut, Stille, Inbrunst, Hingabe, Gelas-*

senheit, Sicherheit, Mitgefühl, Verständnis, Verantwortungsübernahme, der Wertschätzung der täglichen Geschenke des Lebens, der langfristigen Bewusstwerdung der wirklich wichtigen Dinge, von Achtsamkeit und globaler Bewusstseinsfindung, Dankbarkeit für alles Sein, des uneingeschränkten Vertrauens in das Wirken einer ausschließlich liebenden Urquelle und damit allem, was um und mit uns geschieht.

Hinter allem vermeintlich (nur) Negativen wird vor allem die für einen selbst positive Lernerfahrung gesehen. In jeglichem Denken wird immer nur die für einen selbst (und andere) beste Lösungen angenommen.

Methoden der Steigerung der Lebensfreude werden gesucht, gefunden und eingesetzt.

Die Fülle als geistiges Gesetz ersetzt das Denken, Fühlen und Handeln im Mangel. Fülle wird dankbar angenommen und sich selbst ohne »schlechtes Gewissen« auch uneingeschränkt zugestanden und erlaubt. Denn nach dem 11. Geistigen Gesetz der Fülle ...

**... ist im Universum in jedem Moment (→ Zeit)
und in jeder Hinsicht (→ Raum)
für jeden genug von allem da.**

»Ich lebe dankbar, achtsam und bewusst
in jedem Augenblick im Hier und Jetzt
in der Fülle der göttlichen Allmacht.

Ich tue, was mir Freude macht,
und liebe mein Leben, mich, meinen Körper
und alles, was ich bin.

Ich bin ich –
ein ewiger, vollkommener,
mit allem Sein vernetzter, göttlicher Co-Schöpfer,
eingebunden in ein grenzenloses,
universales Bewusstseinsfeld.
Ich bin die Macht und die Kraft
der göttlichen Urquelle in bedingungsloser Liebe
im Hier und Jetzt.«

2 Aufwachen am Morgen

2.1 Eigenliebe leben: »Sich selbst in den Arm nehmen« (ULU ULU)

Beim Aufwachen am Morgen ist es am wichtigsten, die Eigenliebe zu leben und praktisch zum Ausdruck zu bringen. Wie ginge dies besser, als sich selbst intensiv in den Arm zu nehmen und sich dabei mit allen Sinnen und Gefühlen vorzustellen, man hätte das Liebste im Arm, was man kennt und über welches man im eigenen Leben verfügt?

Dazu gehört Ihr physischer Körper (dem Sie intuitiv einen Namen geben sollten), Ihr Unteres Selbst (Inneres Kind) sowie Ihr Hohes Selbst. Als eigenständige Wesenheiten sollten Sie auch letztgenannten Steuerinstanzen des Unter- und Überbewusstseins Namen geben. Das erleichtert die wechselseitige Kommunikation, wie u.a. auf Seite 118 dargestellt.

> Nehmen Sie sich Zeit für die eigene Umarmung. Schalten Sie Ihre Gedanken aus, gehen Sie ganz ins Gefühl und genießen Sie den Zustand des Aufbaus von Eigenliebe in Form von Wärme, Kribbeln, Geborgenheit, Zeitlosigkeit und Harmonie.

Nehmen Sie sich uneingeschränkt selbst an und zeigen Sie sich das auch!

2.2 Das Segnen der Gegenwart (KUMUHANA)

Das Vergangene ist vergangen,
die Zukunft ist unbestimmt.
Was zählt und sicher ist,
ist nur die Gegenwart
im Hier und Jetzt.

Bei jedem Menschen, unabhängig davon, ob er Rechts- oder Linkshänder ist, wirkt die linke Hand als die aufnehmende und die rechte als die abgebende Hand. Der empfindlichste Bereich sind dabei die Handinnenflächen. Sie enthalten die meiste Energie.

Sie können also Gegenstände oder Nahrungsmittel segnen, um deren Harmonie mit der Ihrigen zu verbinden, die gemeinsame Energie aufzubauen und zu steigern.

Für die Hawaiianer ist die Lebensfreude (OLI OLI) das Wichtigste – die Achtung vor dem Sein und die Bewusstheit dessen, was ist, was es Ihnen gibt und bedeutet.

Freude macht das Leben wertvoll.

Freude ist das beste Heilmittel gegen Druck, Stress, Schuld- und Angstprogramme jeglicher Art sowie gegen Negativpotenziale allgemein. Seien Sie deshalb dankbar für alles, was ist, was Freude in Ihr Leben bringt. Leben Sie achtsam und bewusst im Hier und Jetzt und segnen Sie die Gegenwart im Geist von HOLO HOLO. Fangen Sie damit bereits beim Aufwachen am Morgen an.

Segnen Sie achtsam und bewusst ...

- Ihren Körper und Ihre einzelnen Organe,
- Ihre Gesundheit,
- Ihren Beruf, Ihre Arbeit, Ihren Erfolg,
- alles, was Sie haben und was Sie sind,
- die Fülle, in der Sie leben,
- die Schönheit der Natur: einer Blume, eines Schmetterlings, eines Wasserfalls usw.,
- das, was Sie wollen, und nicht das, was Sie nicht wollen.

Wenn Sie Ihre Lebensumstände im Außen verändern wollen, müssen Sie als Erstes Ihr Denken und Ihre Gefühle im Inneren verändern. Arbeiten Sie dabei viel mit Bildern, denn auf diese reagiert das Untere Selbst.

Was Sie sich vor Ihrem »geistigen Auge« vorstellen können, das können Sie grundsätzlich auch erreichen und verwirklichen.

2.3 Dankbarkeit fließen lassen (HO'OMAIKA)

Das Thema »Dankbarkeit und Danksagung« spielte früher (und tut dies noch heute) im Leben der Hawaiianer eine bedeutende Rolle.

Dass man am Morgen aufwacht, ist für sie wahrscheinlich, aber nicht selbstverständlich. Für das Geschenk, wieder aufzuwachen, und für einen erholsamen, geruhsamen Schlaf gilt es zu danken. Vielleicht auch für wertvolle Botschaften »von oben«, interessante Träume und Antworten auf vor dem Einschlafen gestellte Fragen an das Untere und das Hohe Selbst.

Danke für mein schönes und wertvolles Leben!

2.4. Kommunikation der drei Selbste

❇ Der Mensch als multidimensionales Wesen

Im Schlaf ruht das Mittlere Selbst mit seiner logisch-analytischen linken Gehirnhälfte des Ego-Verstandes und der höher schwingenden, kreativ-schöpferischen rechten Gehirnhälfte der Ich-Vernunft, während Unteres und Hohes Selbst weiterhin aktiv sind, sich das zuerst Genannte vielleicht sogar auf Astralreisen befindet oder befunden hat. (Siehe Abb. S. 124.)

❇ Praktische Zusammenarbeit

Wie bereits festgestellt, ist es in der praktischen Arbeit sinnvoll, den drei Selbsten Namen zu geben. Dies erfolgt intuitiv und impulsiv, wobei der erste Eindruck immer der richtige ist. Mit dieser Hilfe können sensitiv über Körpersprache, kinesiologischen Finger- oder Armtest, Pendel oder Ruten (Tensoren) im Rahmen von Ja/Nein-Fragestellungen Informationen aus dem Unter-, Wach- und Überbewusstsein ausgetauscht werden.

❈ Austesten wichtiger Eigenwerte

Wichtig ist u.a. auch das regelmäßige Austesten der Funktionsstufe wichtiger Eigenwerte. Hierbei sollte das Untere Selbst (Inneres Kind → Name) gebeten werden, wahrheitsgemäße Daten und keine »geschönten Gefälligkeitswerte« weiterzugeben. Diese Werte sollten allgemein über 50 Prozent liegen; 70–80 Prozent wären super, 30 Prozent sehr schlecht.

❈ Channelling

Es gilt allgemein, dass zwischen vier und sieben Uhr morgens der energetische und feinstoffliche Informationsfluss zwischen den drei Selbsten am intensivsten ist. Man spricht dann von »luziden Träumen«, Wach- oder Warnträumen in Gehirnfrequenzen zwischen 7,5 und 8,5 Hertz (Hz), also einer höheren Theta- und niedrigeren Alpha-Frequenz unter Einschluss der »fundamentalen, elementaren Schumannwelle« von 7,83 Hz. Letztere verbindet den »Herzschlag der Erde« mit dem »Herzschlag des Menschen« sowie diesen mit einer Aktionsfrequenz der Epiphyse, des Hypothalamus und des Hippocampus im Zwischenhirn.

Auf diese Art und Weise bekommen Sie u.a. auch Zugang zu den morphischen und morphogenetischen Feldern der fünften und zu Datenbänken der sechsten Dimension in Form von Durchsagen, Inspirationen und Visionen.

❇ Regelmäßige Meditationen

Für eine lockere und positive Einstimmung am Morgen im »HOLO HOLO Spirit« bieten sich verschiedene, u.a. auch vom Autor gesprochene und mit Musik hinterlegte Meditationen an, z.B. »Mein Gebet« und »Heilung geschieht«.

Die nachstehenden Affirmationen können uns helfen, zur Selbstliebe und damit zu unserem Ursprung, zur Urquelle allen Seins zu finden:

»Ich liebe dich, Urquelle allen Seins,
und danke dir von ganzem Herzen
für mein Leben.
Ich liebe die Welt.
Ich liebe die Erde.
Ich liebe die Menschen.
Ich liebe die Natur.
Ich liebe alles Sein.
Und ich liebe mich.
Ich liebe mich, so wie ich bin.
Mit allen meinen Schwächen
und allen meinen Stärken
nehme ich mich an, so wie Gott mich annimmt.
Ich liebe mich.
Ich bin es wert, geliebt zu werden –
von anderen, aber vor allem von mir selbst –,
denn nur aus der Liebe zu mir
kommt die Liebe zu dir
und zu allem Sein im Universum.«

2.5 Die Planung für den Tag

Im Rahmen des eigenen kosmischen Plans und der auf ihm aufbauenden Globalplanung kann man morgens eine Detailplanung für den neuen Tag aufstellen, quasi als Soll-Ist-Vergleich mit den einzelnen Stunden, dem Thema, Zeit, Energie und Sonstigem. Abends werden diese Daten dann überprüft und eventuell angepasst. Hierbei gelten folgende Kriterien, die auch heutigen Mentaltrainern wohlbekannt sind:

- 40 Prozent aller Situationen, Ereignisse und Dinge erledigen sich von selbst (das »MANANA-Prinzip«).
- Die ersten 75 Prozent aller Vorhaben benötigen 25 Prozent der eigenen Energie, die restlichen, normalerweise unwichtigen 25 Prozent dieser Aktionen aber 75 Prozent des wertvollen Eigenenergiepotenzials.

2.6 Methoden der Umpolung von Negativpotenzialen

Grundlagen

In den Dimensionen eins bis fünf im stofflichen Bereich können Negativpotenziale umgepolt werden. Dies geht immer nach demselben Schema vor sich:

- Anschauen, Annehmen und Formulieren des negativen Ausgangsthemas;
- Übernahme der Eigenverantwortung für das Negativmuster und bewusste Entscheidung zu dessen Änderung;
- Umpolung des alten Negativmusters mit 23 oder mehr grünen, gleichschenkelig-rechtwinkeligen Andreaskreuzen (21 ist die universale Zahl der Umpolung – umgepolt ist aber erst, wenn diese Zahl überschritten ist; die Zahl 22 ist

eine instabile Ziffer, also besser mit 23, der Zahl der Sonne, umpolen; Grün ist die Farbe der Mitte, der Harmonie und der Heilung);

- Formulierung des positiven, neuen Programms;
- Akzeptanz und Speicherung des neuen Musters.

Praktische Vorgehensweise

ÜBUNG 1:

Stellen Sie sich drei große alte Schultafeln vor, eine schwarze, eine hellgraue und eine weiße. Auf die schwarze Tafel schreiben Sie das Ausgangsthema und entscheiden sich dann bestimmt für dessen Umpolung. Löschen Sie mit allen Sinnen bewusst das alte Muster auf der Tafel, z.B. TODESANGST.

Stellen Sie sich danach vor, wie Sie auf der hellgrauen Tafel bewusst mit allen Sinnen 23 grüne Andreaskreuze aufmalen. Zählen Sie dabei von 23 zurück auf 1 und akzeptieren Sie die stattfindende Umpolung von Minus auf Plus.

Schreiben Sie mit klaren, fröhlichen Farben bewusst mit allen Sinnen das neue Muster auf die weiße Tafel, z.B. LEBENSFREUDE.

Visualisieren Sie die erfolgte Umpolung.

ÜBUNG 2:

Nehmen Sie ein weißes DIN-A1-Blatt und malen Sie darauf in abstrakten, aggressiven und verschwommenen Formen und dreckigen Farben das Ausgangsthema. Notieren Sie in Worten das Negativthema dazu.

Versuchen Sie, mental, emotional, energetisch und physisch das Negativpotenzial aus Ihrem Zellgedächtnis auf das Blatt Papier zu übertragen, bis Ihnen ganz leicht ums Herz wird.

Malen Sie über das Negativbild ein großes rotes Kreuz und bestimmen Sie bewusst: »WIR ÄNDERN DAS JETZT!«

Übermalen Sie das mit dem roten Kreuz durchgestrichene negative Ausgangsbild nun mit weißer Dispersionsfarbe.

Auf das weiß übermalte Papier malen Sie jetzt 23 grüne Andreaskreuze und zählen dabei mit.

Übermalen Sie auch dieses Bild mit weißer Dispersionsfarbe.

Wenn Sie wollen, malen Sie auf das weiße Blatt ein positives Motiv mit schönen, harmonischen Formen und Farben.

3 Der bewusste, positive Tagesbeginn

3.1 Das »richtige« Aufstehen

Wie bereits eingangs festgestellt, ist unsere linke Körperseite die passive, weibliche, linksdrehende, ohne Impuls aufnehmende und deshalb negativ polarisierte, Energie absorbierende Komponente der Gottheit.
Unsere rechte Körperseite charakterisiert den aktiven, männlichen, rechtsdrehenden, mit Impuls versehenen und daher positiv polarisierten, Energie aufbauenden und abgebenden Aspekt der Urquelle.

Stehen Sie also bewusst mit dem rechten Fuß zuerst auf, fließt Ihnen dank Ihrer freien, aktiven Willensentscheidung wertvolle Lebensenergie zu. Sie fühlen sich energiegeladener, angeregter, vitaler und kraftvoller. Beim Aufstehen mit dem linken Fuß ist das Gegenteil der Fall. Probieren Sie es aus!

3.2 Die »aktive« Belohnung

Ihrem Körper und Ihren drei Selbsten müssen Sie immer wieder beweisen, dass Sie sich lieben und gezielt Eigenliebe aufbauen möchten. Dies kann mit dem nachfolgenden einfachen Belohnungssystem geschehen.

ÜBUNG:

Besorgen Sie sich ein großes unbeschriebenes weißes Blatt. Schreiben Sie eine Woche lang alles auf das weiße Blatt, was Ihnen angenehm ist und was Sie gerne tun. Achten Sie dabei vor allem auf Kleinigkeiten wie: lange schlafen, im Bett lesen, ausgiebig frühstücken, baden, ins Kino gehen, eine bestimmte Musik hören, ein gewisses Kleidungsstück anziehen usw.

Beginnen Sie danach, die einzelnen Positionen auf dem weißen Zettel systematisch nach Ihren Lieblingsaktivitäten zu ordnen.

Den weißen Zettel fixieren Sie jetzt gut sichtbar an einer leicht zugänglichen Stelle. Jeden Morgen gehen Sie zuerst dorthin und suchen intuitiv zwei Positionen aus, die Sie dann während des Tages bewusst und voller Aufmerksamkeit – in enger Abstimmung mit dem Inneren Kind – tatsächlich tun.

Hierdurch stärken Sie Schritt für Schritt die persönliche Anerkennung, das Selbstwertgefühl und die Eigenliebe.

3.3 Der positive Umgang mit dem Unteren Selbst

Ein liebevoller, von Verständnis und wechselseitiger Wertschätzung, Achtung, Respekt und Liebe geprägter Umgang ist die unabdingbare Grundlage einer sinnvollen und erfolgreichen Kooperation zwischen dem Mittleren und dem Unteren Selbst. Die Verantwortung hierfür liegt vor allem beim Mitt-

leren Selbst, denn es ist Lehrer, Beschützer, Führer, Leit- und Vaterfigur für das Innere Kind.

Zeigen Sie Ihrem Inneren Kind Liebe, Achtung, Respekt und Vertrauen, geben Sie ihm das Gefühl des Schutzes und der Verantwortung, geizen Sie nicht mit Lob und Anerkennung, muten Sie ihm nicht zu viel zu und verletzen Sie es nicht! Das Untere Selbst ist wie eine wertvolle empfindsame Blüte, die Sie liebevoll pflegen müssen.

4 Wichtige aufbauende Programmierungen und Aktionen im Tagesablauf

4.1 Das Annehmen der Fülle

ÜBUNG 1:

Stellen Sie sich vor, Sie hätten Geld in Hülle und Fülle, jedenfalls so viel, dass Sie sich Ihr Traumhaus mit allen Schikanen in einer Traumgegend bauen können. Seien Sie Ihr eigener Architekt und Designer. Richten Sie jeden Raum in dem Luxus ein, den Sie sich selbst zugestehen und den Sie gerne haben möchten. Lassen Sie Ihrer Fantasie freien Lauf. Grundsätzlich gilt: Alles, was Sie sich vorstellen können, kann auch Wirklichkeit werden.

ÜBUNG 2:

Ersetzen Sie negative durch positive Ansätze: Negatives zieht Negatives an, Positives Positives. Erwarten Sie immer das Beste! Vergegenwärtigen Sie sich ständig, wie schön es ist, wenn Sie Ihr Ziel erreicht haben.

Belohnen Sie sich angemessen, wenn Sie es verdient haben. Mit einer Tüte Eis für Ihr Inneres Kind sind Sie immer auf der sicheren Seite.

Setzen Sie sich Etappenziele: Jedes erreichte Etappenziel ist ein Erfolg. Die Freude über diesen Teilerfolg lässt Sie mit noch größerer Motivation das große Ziel ansteuern.

4.2 Denken Sie positiv

Manche Dinge sind so, wie sie eben sind. Sie können sie nicht ändern, aber immer Ihre Einstellung dazu, sodass sich dadurch Ihr persönliches Resonanzverhalten hinsichtlich gewisser Sachverhalte verschiebt, z.B.:

Beispiel 1:
Mülleimer stehen in jeder Wohnung, in jedem Haushalt meist in Küche und Bad. Sie sind schnell angefüllt und beginnen mit der Zeit zu stinken und Tiere anzuziehen. Da sie sich nicht selbst leeren, müssen sie von jemandem geleert werden. Normalerweise tut dies niemand gern – was jede Mülleimerleerung zu einer mit Frust und Ablehnung verbundenen Aktion werden lässt, die viel Energie kostet. Das ist die eine Seite.

Die andere Seite sieht folgendermaßen aus: Sie sitzen stundenlang in der Wohnung und arbeiten ohne Sonne, frische Luft und Bewegung. Der volle Mülleimer eröffnet Ihnen die Möglichkeit, sich zu bewegen, vielleicht Stufen zu steigen, an die Sonne und an die frische Luft zu kommen und gedanklich abzuschalten. Mit dieser Einstellung beurteilen Sie die Aktion des Mülleimerleerens mit der Zeit positiv und freuen sich sogar darauf. Dies führt Ihnen Energie zu, anstatt sie abzuziehen.

Beispiel 2:
Zielte und schoss beispielsweise jemand vor langer Zeit auf Sie, als Sie Pfeil und Bogen noch nicht kannten, und traf er, so bereitete Ihnen das Schmerzen, Sie machten eine negative Erfahrung. Wiederholte sich dieser Vorgang kurze Zeit spä-

ter – dieselbe Person traf wieder die gleichen Vorbereitungen wie vorher, legte an, zielte und schoss –, so kannten Sie diese Situation bereits aus Ihrer vorherigen Erfahrung. Wollten Sie die gleiche (schmerzhafte oder leidvolle) Erfahrung nochmals machen, blieben Sie stehen. Reichte Ihnen aber die erste Erfahrung, trafen Sie eine bewusste, neue Entscheidung, traten damit im übertragenen Sinne einen Schritt zur Seite, und der Pfeil flog an Ihnen vorbei. Durch Ihre Entscheidung, in der sich Ihr Lernverhalten ausdrückte, hatten Sie Ihr Resonanzverhalten aktiv verändert, mit dem Ergebnis, dass Ihnen Schmerz und Leid beim zweiten Mal erspart blieben.

Beispiel 3:

Das fremde Außen spiegelt nur das eigene Innen wider.

Irgendwo in einem Tempel gab es einen Saal der tausend Spiegel. Es begab sich eines Tages, dass sich ein Hund in diesen Tempel verirrte und in diesen Saal gelangte. Plötzlich, konfrontiert mit tausend Spiegelbildern, knurrte und bellte er seine vermeintlichen Gegner an. Diese zeigten ihm ebenso tausendfach die Zähne und bellten zurück, woraufhin er noch wütender reagierte. Dies führte schließlich zu einer solchen Überanstrengung, dass er daran starb.

Einige Zeit verging, und irgendwann kam ein anderer Hund in den gleichen Saal. Auch dieser Hund sah sich tausendfach umgeben von seinesgleichen. Da wedelte er mit dem Schwanz, und tausend Hunde freuten sich mit ihm. Froh und ermutigt verließ er den Tempel.

4.3 Lassen Sie sich nicht provozieren

Wie leicht es ist, provoziert zu werden, zeigt nachfolgendes Beispiel – was »Energieräuber« gerne anwenden.

Führen Sie folgendes Gespräch, um als Lehrer (L) Ihrem Schüler (S) den Sachverhalt klarzumachen:

L: Sagen Sie bitte zu mir, dass ich ein Idiot bin.
S: (Der Schüler zögert, tut dann aber doch, wie ihm geheißen wurde.) Sie sind ein Idiot!
L: Wer sagt, dass ich ein Idiot bin?
S: Ich!
L: Wer fühlt, dass ich ein Idiot bin?

S: Ich!
L: Wer glaubt, dass ich ein Idiot bin?
S: Ich!
L: Was geht das dann mich an?

Obwohl der Lehrer provoziert wurde, ist es nicht sein Muster, sondern das des Schülers. Also sollte er sich nicht hineinziehen lassen. Die Erfahrung daraus lautet:

Mache nicht das Problem eines anderen zu deinem eigenen.

4.4 Wandeln Sie Negatives in Positives um

Die spirituelle Entwicklung ist ein Prozess, und ein Prozess braucht Zeit. Fehler zu machen ist bei jedem Lernprozess mit eingeschlossen. Eigentlich ist alles eine Lernerfahrung, ob nun positiv oder negativ. Viele Menschen denken von sich selbst, wenn sie nur einen kleinen Fehler gemacht haben, wären sie die schlimmsten Menschen auf der Welt. Niemand sollte sich aber ständig kritisieren und damit belasten, anstatt die Fehler zu korrigieren bzw. die Schwächen zu beheben.

Sprechen Sie mehrmals am Tag zu sich selbst:

»Mein Leben ist schön.
Ich bin gesund. Ich bin gesund. Ich bin gesund.
Ich bin ein wertvoller Mensch,
ich bin es wert,

GELIEBT ZU WERDEN –
VON ANDEREN, ABER VOR ALLEM VON MIR SELBST.
ICH LIEBE MICH SO, WIE ICH BIN.
ICH BIN EIN TEIL VON GOTT,
GOTT IST EIN TEIL VON MIR.
ICH DANKE GOTT FÜR MEIN LEBEN.«

ÜBUNG:

Sie können sich einen Behälter in Ihrem Unterbewusstsein vorstellen, den Sie im Laufe der Jahre durch Ihre Negativprogramme immer nur mit schwarzen Kugeln gefüllt haben. Durch Ihr positives Denken beginnen Sie nun, den Behälter langsam und bewusst mit weißen Kugeln zu füllen. Wenn Sie von heute an wesentlich mehr weiße als schwarze Kugeln in diesen Behälter geben, so hat das am selben Tag aufgrund der Stückzahlen im grobstofflichen Bereich wahrscheinlich noch keine Auswirkungen, am nächsten Tag auch nicht und in einer Woche ebenfalls kaum. Eine sinnvolle Lebensumstellung ist erst dann gelungen, wenn in Ihrem Gefäß für das Unterbewusstsein wesentlich mehr weiße Kugeln sind als schwarze. Auf diese Weise werden Sie sich mit der Zeit der Kraft Ihrer (positiven) Gedanken bewusst.

4.5 Regelmäßige und bewusste Gedankenkontrolle

Die Macht unserer Gedanken ist wohlbekannt, denn …

… der Gedanke ist immer zuerst.

Aus dem Talmud sind folgende Zusammenhänge bekannt:

»Achte auf deine Gedanken
Sie bestimmen deine Gefühle
Achte auf deine Gefühle
Sie beeinflussen deine Worte
Achte auf deine Worte
Sie werden zu Taten
Achte auf deine Taten
Sie entwickeln sich zu Gewohnheiten
Achte auf deine Gewohnheiten
Sie formen deinen Charakter«

Hilfreich sind in diesem Zusammenhang auch die nachfolgenden Übungen:

Gedankenkontrolle: Folgen Sie mindestens fünf Minuten lang dem Lauf der eigenen Gedanken wie ein neutraler, stiller Beobachter. Verfolgen Sie die einzelnen Gedanken aufmerksam und registrieren Sie sie, werden Sie sich ihrer bewusst.

Gedankenkonzentration: Lassen Sie unerwünschte Gedanken nicht in Ihrem Bewusstsein aufkommen, keinerlei

Sorgen, Ängste oder Gefühle wie Furcht, Neid, Geiz, Eifersucht, Gier, Habsucht usw.

Gedankenqualität: Denken und tun Sie immer das Wichtigste zuerst. Tun Sie alles, was Sie tun, so gut Sie es können.

Festhalten einzelner Gedanken: Halten Sie mindestens fünf Minuten lang an einem bestimmten Gedanken fest, und nur an diesem – alle anderen werden unterdrückt bzw. unbeachtet gelassen.

Gedankenleere: Lassen Sie mithilfe der Autosuggestion »Ich bin locker und leer« mindestens fünf Minuten lang keinen Gedanken in sich aufkommen. In Ihrem Wachbewusstsein ist absolute Leere.

Sinneskonzentration: Versuchen Sie, gleichzeitig die Wanduhr ticken zu hören, einen kleinen Bach zu sehen und zu hören, ein gelbes Kornfeld sich im Winde bewegen zu sehen und den Wind zu hören, Vögel fliegen zu sehen und zwitschern zu hören – und dies alles möglichst genau zu visualisieren.

Positives Denken: Mithilfe der Affirmation »Ich denke nur positiv« werden alle eventuell aufkommenden negativen Denkansätze sofort durch positive ersetzt.

Arbeiten Sie regelmäßig, gezielt und ausdauernd an Ihren Gedanken, polen Sie negative bewusst in positive Gedanken um und akzeptieren Sie dann diese auch uneingeschränkt.

Jeder Gedanke hat Auswirkungen auf Ihr derzeitiges Dasein. Daraus ergibt sich die einmalige Möglichkeit, durch bewusstes und gezieltes positives Denken alte, negative Muster und Strukturen zu neutralisieren und durch neue, positive zu ersetzen. Jeder geistige, seelische oder körperliche Zustand, in dem Sie sich befinden, ist eine Folge Ihrer eigenen Gedanken. Neben dem rein linearen, logisch-analytischen Denken der linken Gehirnhälfte spielt dabei das intuitive Denken der rechten Gehirnhälfte, das räumlich-bildhafte Erfahren von Sinnesempfindungen, eine besondere Rolle. Angezogen wird immer das, womit Sie sich in Gedanken und nachgeschalteten Gefühlen am meisten und intensivsten beschäftigen.

4.6 Nehmen Sie sich regelmäßig und bewusst mehr Zeit für sich selbst

Vielleicht kennen Sie die Geschichte, in der ein Zeitmanagement-Experte einen Vortrag vor einer Gruppe Wirtschaftsstudenten hält. In einen leeren 5-Liter-Wasserkrug mit einer großen Öffnung legt er vorsichtig zwölf etwa faustgroße Steine. Als kein Platz mehr für einen weiteren großen Stein ist, fragt er, ob der Krug jetzt voll sei. Auf das überzeugte »Ja!« der Studierenden hin holt der Dozent einen Eimer mit Kieselsteinen unter dem Tisch hervor. Einige kippt er in den Wasserkrug und schüttelt ihn, sodass sich die Kieselsteine in die Lücken zwischen den großen Steinen setzen. Er fragt die Gruppe erneut, ob der Wasserkrug voll sei. »Wahrscheinlich nicht!«, ruft einer der Studenten. – »Gut«, antwortet der Experte und schüttet nun Sand in den Krug, woraufhin sich der Sand den Weg in die Lücken zwischen sämtlichen Steinen sucht. »Ist der Krug jetzt voll?«, will der Experte wissen. – »Nein!«, ruft die Klasse, woraufhin der Dozent eine mit Wasser gefüllte Kanne nimmt und den Krug bis zum Rand füllt.

Was sind die großen Steine in Ihrem Leben? Ihre Kinder; Menschen, die Sie lieben; Ihre Ausbildung; Ihre Träume; Tätigkeiten, die Sie lieben; Zeit für sich selbst; Ihre Gesundheit; Ihr/e Lebenspartner/-in? Denken Sie immer daran, diese großen Steine zuerst in Ihr Leben zu bringen, sonst bekommen Sie sie später nicht mehr unter. Wenn Sie mit dem Unwichtigen beginnen, werden Sie nie für die Umsetzung großer und wichtiger Ziele Zeit finden.

4.7 Jeder Tag beinhaltet viele wichtige Geschenke in Form neuer Erfahrungen

Trotz seines menschlichen Umfeldes eines vierdimensionalen Raum-Zeit-Kontinuums kann der Mensch kreativ-schöpferisch nur im Hier und Jetzt aktiv werden. Die Vergangenheit ist unwiederbringlich vorbei. Aus ihr kann man nur noch lernen, aber in ihr und an ihr ohne Synchronisationsexperimente nichts mehr verändern. Die Zukunft kommt erst noch. Das einzig Greifbare ist die Gegenwart.

Im momentanen Augenblick
des HIER UND JETZT
ist alle Kraft, Wahrheit, Wissen
und Weisheit konzentriert.

Haben Sie etwas als richtig erkannt, so müssen Sie es in die Tat umsetzen. Wissen allein bewirkt noch nichts, erst die konkrete Umsetzung verändert die Situation. Im Hier und Jetzt ist der Moment, in dem Sie leben und handeln müssen. Dies ist der Augenblick, den Sie erfahren. Was Sie in diesem Augenblick tun, legt den Grundstein für die Zukunft.

Jetzt ist also der Moment,
eine Entscheidung zu treffen und zu handeln.

Sie können es nicht morgen tun, und Sie können es nicht gestern tun. Sie können es nur heute tun. Jetzt!

Alles Negative aus der Vergangenheit verschwindet, wenn Sie nur in der Gegenwart leben und so alte Muster verändern. Es liegt an Ihrem Denken und Wollen, die Vergangenheit und Zukunft loszulassen und nur noch achtsam und bewusst in der Gegenwart zu leben.

Heute ist das Morgen von gestern,
und heute ist das Gestern von morgen,
also leben Sie achtsam
und bewusst im Augenblick
und genießen Sie ihn,
als wäre es Ihr letzter.

5 Die Lockerheit des HOLO HOLO bewusst herbeiführen

5.1 Schaffen Sie sich Ihren eigenen Lockerungsplatz

Sie sollten sich im Rahmen Ihrer Möglichkeiten einen eigenen Meditationsraum oder speziellen Lockerungsplatz schaffen, der ganz Ihnen gehört und von Ihnen sehr individuell gestaltet worden ist: mit Ihren Farben, Düften, Essenzen; Ihren Möbeln, Stoffen, Büchern; Ihren Bildern, Statuen, Pflanzen.

In diesem optimalen Umfeld sollten Sie regelmäßig Ihre Rituale, Meditationen, Körperübungen, Massagen usw. durchführen, weil diese konstanten Abläufe dem Unteren Selbst Sicherheit vermitteln und es beeindrucken.

5.2 Lockerung der Muskeln und des Körpers

Ähnlich wie mit der Meditations-CD »Atmung und Lockerung« werden mit der folgenden Übung die einzelnen Muskeln und Körpersegmente gezielt bearbeitet.

ÜBUNG:
Sie sind vollkommen konzentriert, hier in diesem Raum, in Ihrem Körper, und Sie freuen sich auf die folgende Lockerung.

Sie liegen bequem, öffnen alles, was Sie beengt, und haben Ihre Augen geschlossen.
Sie ballen die rechte Hand zur Faust. Sie ballen sie fest, fest, ganz fest, noch fester ... und nun lassen Sie sie los.
Ihre rechte Hand ist jetzt ganz locker.
Nun spannen Sie Ihre rechte Faust und den rechten Unterarm an.
Jetzt ballen Sie Ihre linke Hand zur Faust.
Nun spannen Sie Ihre linke Hand zur Faust und den linken Unterarm an.
Sie spannen jetzt Ihren rechten Oberarm mit Faust und Unterarm an.
Sie spannen jetzt Ihren linken Oberarm mit Faust und Unterarm an.
Sie konzentrieren sich nun auf Ihr rechtes Bein und spannen es fest an.
Sie konzentrieren sich auf Ihr linkes Bein und spannen es fest an.
Jetzt spannen Sie das Gesäß an und halten die Spannung.
Nun ziehen Sie Ihre Schultern hoch und spannen Schultern und Nacken an.
Nun spannen Sie alle Muskeln im Gesicht an. Sie runzeln die Stirn, beißen die Zähne zusammen und ziehen die Mundwinkel nach hinten.
Sie halten die Spannung ... fest, noch fester ... und lassen nun los.
Ihr ganzes Gesicht ist jetzt locker.
Ihr ganzer Körper ist jetzt locker. Sie genießen dieses wunderbare Gefühl und freuen sich, ganz locker zu sein.

Dieser Übung wird nun die gewünschte Affirmation angeschlossen.

In Achtung und Respekt, Annahme und Hingebung werden auf allen Ebenen Energie, Kraft, Ruhe und Harmonie vermittelt. Dies führt zu innerem Frieden und zur Stärkung von Selbstwert und Eigenliebe.

5.3 Ganzheitliche Lockerung von Körper, Geist und Seele

ÜBUNG:

Sie setzen sich auf einen bequemen Stuhl und schließen die Augen. Sie atmen tief ein. Beim Ausatmen lockern Sie den Körper.

Sie zählen langsam und ohne Hast von hundert rückwärts bis eins. Wenn Sie zu zählen beginnen, richten Sie Ihre Augen leicht auf Ihre Nasenwurzel. Dadurch werden die rechte Gehirnhälfte und der Alpharhythmus angeregt. Zwischen den einzelnen Zahlen lassen Sie etwa eine Sekunde verstreichen.

Wenn Sie bei eins angelangt sind, erzeugen Sie in Ihrer Vorstellung ein attraktives Bild von sich selbst, gesund und kraftvoll.

Sie stellen sich dabei einen friedlichen Ort vor, an dem Sie sich gerne aufhalten.

Jetzt erfolgt die von Ihnen ausgewählte Affirmation. Sie zählen von eins bis fünf. Sie geben sich innerlich die Anweisung, dass Sie sich bei fünf frischer und besser fühlen als vorher (»Ich zähle jetzt von eins bis fünf. Bei fünf öffne ich die Augen. Ich fühle mich dann gut und gesund, besser als vorher«). Bei drei wiederholen Sie diese Affirmation (»Ich fühle mich gut und gesund, besser als vorher«), und wenn Sie bei fünf die Augen öffnen, bekräftigen Sie alles noch einmal (»Ich bin hellwach; ich fühle mich besser und gesünder als vorher, und so soll es auch bleiben«).

6 Leitsätze von HOLO HOLO

6.1 Kraft tanken in Ruhe und Stille (HO'OMALU)

In diesem Prozess der persönlichen Selbstfindung, welcher bewusst mit positiven Gedanken eingeleitet und unbewusst mit aufbauenden Gefühlen verstärkt wird, ruhen Körper, Geist und Seele.

ÜBUNG:
Verweilen Sie an Ihrem persönlichen Lieblingsort etwa 10 bis 15 Minuten in absoluter Harmonie, Stille und tiefem inneren Frieden. Das individuelle Bewusstsein verbindet sich dabei mit dem universalen Bewusstsein des Nullpunktfeldes der liebenden Urquelle AKUA.

»Ich bin LIEBE. Ich liebe mich und dich.«

6.2 »Die unendliche Leichtigkeit des Seins«

Bekanntlich ist der eigene Gedanke immer zuerst. Über die Bilder der kreativ-schöpferischen, subjektbezogenen, rechten Gehirnhälfte wird über den Bereich der »emotionalen Intelligenz« im limbischen System und der dort erfolgenden Unterlegung der Sinneswahrnehmungen mit Emotionen die Verbindung zu den Gefühlen und dem Langzeitgedächtnis im Bauch hergestellt.

Die Empfindung der »unendlichen Leichtigkeit des Seins« wird über die »Luft-Meditation« des Autors als Metamorphose eines weißen Schmetterlings in eine weiße Möwe und zuletzt in einen weißen Adler übermittelt. Leicht und locker, voller Kraft, Freude und Frieden schwebt dieser mit ausgebreiteten Schwingen über die mächtigen Schneeberge. Er bietet damit den gefahrlosen, kraftstärkenden Eindruck der »unendlichen Leichtigkeit des Seins, der Freiheit des Fliegens«.

6.3 Auch vermeintlich verrückte Dinge tun

Das bedeutet, dass Sie in Ihrem Leben einzelne Gegebenheiten nicht zu ernst nehmen.

Je öfter Sie negativ denken, desto mehr belasten und schädigen Sie sich selbst, Ihre Gedanken und Gefühle, den Glauben und vor allem auch Ihren physischen Körper. Bei negativen Gedanken drehen sich Ihre DNA-Helixspiralen linksdrehend zusammen, Energie wird gebunden. Sie werden müder und müder.

Dies wird noch verstärkt durch zwei gedankliche Limitierungen, nämlich ...

- eine unrealistische, übersteigerte Erwartungshaltung,
- eine ungerechtfertigte, subjektive Wertung bestimmter Sachverhalte.

Versuchen Sie diesem »mentalen Gefängnis« zu entgehen, indem Sie sich selbst infrage stellen und auch einmal »verrückte Dinge« tun, die Sie selbst und auch andere niemals von sich erwartet hätten.

Nehmen Sie einzelne Gegebenheiten nicht zu ernst.

Diese Vorstellung und Gewissheit macht frei.

»Das Leben eines Menschen ist das, was seine Gedanken daraus machen.«

Marc Aurel (121–180 n. Chr.)

6.4 Vertrauen haben in das, was geschieht (HILINA'I)

❊ Der Schock der Trennung von der Urquelle

Der Schock der Trennung eines einzelnen Menschen von der liebenden Urquelle im Rahmen des 1. Geistigen Gesetzes von **Geistigkeit, Einheit, Ganzheit, Vollkommenheit und wechselseitiger Vernetzung** sitzt immer noch sehr tief. Kommt dann noch hinzu, dass man an Gott und dem Leitsatz

»Es ist alles gut, so wie es ist«

infolge grausamer Ereignisse und unverständlicher Situationen zweifelt, so verschwindet das persönliche Vertrauen auf Gott und zu sich selbst dramatisch. Es wieder aufzubauen ist mühsam und schwierig.

Nur wer im Laufe seines Lebens gelernt hat, Schicksalsschläge als notwendige Lernerfahrungen auf dem Schulungsplaneten Erde nach dem 2. Geistigen Gesetz der Polarität

**»Erfahrungen macht man nur
in der Spiegelung
der (›dunklen‹) Gegensätzlichkeit«**

zu verstehen und anzunehmen, wird zum Urvertrauen und zu uneingeschränktem Gottvertrauen zurückfinden.

❉ Die Einheit allen Seins

Wie bereits des Öfteren erwähnt, besteht nach althawaiianischer Auffassung die Urquelle allen Seins (AKUA) ausschließlich aus bedingungsloser, grenzenloser und selbstloser Liebe, ALOHA. In diesem Zustand befindet sie sich im Zentrum des Nullpotenzials jeglicher Existenz als Stille, Leere und ewiges Sein. Geometrisch wird dieser »liebe Gott im Inneren« (AKUA) als Punkt dargestellt, die Form, die sich nicht weiter verkleinern lässt.

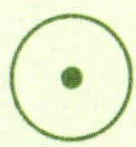

Als sich diese liebende Urquelle entschloss, sich zu öffnen, die eigene Energie auszuströmen und in die Polarität zu gehen, um so erfahrener zu werden, schuf sie als Verdichtung zuerst den negativen, passiv aufnehmenden »dunklen Gott im Außen« (KU). Als positive, mit Impuls versehene, aktiv ausströmende Kraft durchdrang im Rahmen der nunmehr entstehenden Polarität der »lichte Gott im Außen« (KANE) in Form des universalen Lichtgitternetzes die Welt der Dunkelheit. Es entstand die Trinität der Gottheit in allem Sein.

AKUA	(Null: als Essenz LIEBE) = der »liebe« Gott
KU	(minus, passiv: als dunkler Spiegel) = der »dunkle« Gott
KANE	(positiv, aktiv: als Substanz LICHT) = der »lichte« Gott

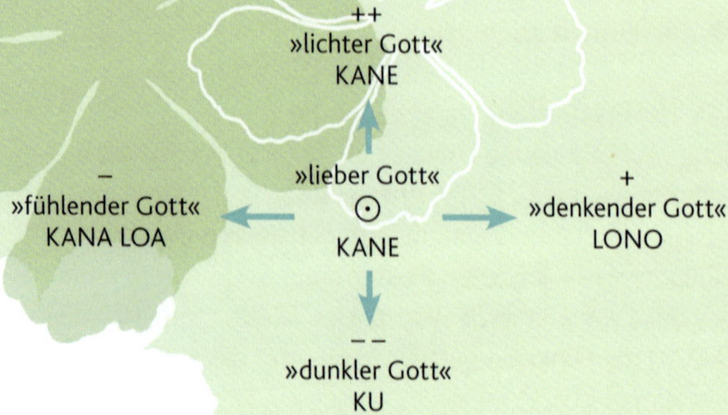

❋ Wer bin ich? – Ein vollkommener göttlicher Co-Schöpfer

Als Abbild, Ausdruck, »verlängerter Arm«, Sitz und Spiegel ist jeder Mensch auf das Engste mit der liebenden Urquelle AKUA und dem Universum verbunden. Als Bindeglied wirkt das individuelle Bewusstsein als wichtiger Teilaspekt des allumfassenden, vollkommenen, wechselseitig mit allem Sein verbundenen, göttlichen Bewusstseins im Nullpunktfeld.

Es gilt:

»Ich habe einen sterblichen, vergänglichen, grobstofflichen Körper als dunklen Spiegel. Aber ICH BIN ICH, ein ewiges, vollkommenes, unsterbliches, wechselseitig mit allem Sein vernetztes, göttliches Bewusstsein.«

Den eigenen Weg zur Urquelle finden Sie mit der Meditation »Mein Weg zu Gott« auf der Doppel-CD »Durch Erleuchtung zur Erlösung«, indem Sie die drei Schritte visualisieren, wie in der Grafik auf Seite 125 gezeigt.

Nehmen Sie also bewusst mit Ihrem freien Willen die eigene Göttlichkeit an, verschmelzen Sie mit AKUA, der Urquelle im Zentrum Ihres Herzens, in bedingungsloser Liebe und kommen Sie so in Ihre Kraft als göttlicher Co-Schöpfer, dann entsteht in Ihnen ein grenzenloses Urvertrauen sowie bewusste innere Harmonie, verbunden mit einem gesunden Selbstwertgefühl und einer wertfreien Eigenliebe. Alle diese Eigenschaften lassen Sie von nun an Ihr Leben positiv annehmen und gestalten im Sinne von …

»MEIN LEBEN IST SCHÖN«
UND
»ES IST ALLES GUT, SO WIE ES IST«.

6.5 Danken für die beste Lösung

Wie schon mehrfach erwähnt, gestalten Sie mit Ihrem Denken Ihre objektive Realität durch den Verstand der linken Gehirnhälfte des Ego und Ihre subjektive Wirklichkeit mit Hilfe der Vernunft der rechten Gehirnhälfte des Ichs.

Bekanntlich haben wir in der Betrachtungsweise einzelner Sachverhalte, Situationen und Denkansätze in jedem Moment (Zeit) und in jeder Hinsicht (Raum) immer drei Möglichkeiten:

- es positiv zu sehen = ein Wasserglas ist halb voll;
- es negativ einzuschätzen = ein Wasserglas ist halb leer;
- es nicht zu bewerten = ein Wasserglas ist zur Hälfte gefüllt.

Jeder Mensch bestimmt mit seinem Denken also seine Wirklichkeit. Er wird dadurch zum Lenker seines Schicksals und zu einem vollkommenen göttlichen Co-Schöpfer.

Dabei ist die wichtigste positive Kraft im Universum die Liebe, die sich im Ursprung als selbstlose Eigenliebe zeigt.

Erst wenn man die Erfahrung gemacht und gelernt hat, sich selbst bedingungslos anzunehmen, wie man eben ist, und sich uneingeschränkt zu lieben, ist man auch in der Lage, andere und anderes selbstlos zu lieben.

Der positiv Denkende sieht in jeder Schwierigkeit eine Möglichkeit. Der negativ Denkende sieht in jeder Möglichkeit eine Schwierigkeit.

Im Mittelpunkt von HUNA stehen immer Sie selbst als vollkommener göttlicher Co-Schöpfer. Sie werden grenzenlos und bedingungslos geliebt von der Urquelle AKUA im Zentrum Ihres Herzens. Diese will nur Ihr Bestes, was Sie auch immer erwarten können. Darum brauchen Sie nicht zu bitten, sondern nur dafür zu danken, z.B.:

»Danke für die für mich (und/oder für uns) beste Lösung.«

Die Urquelle AKUA liebt nur, wertet und richtet nicht und will, dass wir Menschen in Glück, Harmonie, anhaltender Gesundheit, Erfolg, Leichtigkeit, Lockerheit, Fröhlichkeit, Freude, innerem Frieden und Liebe leben – nicht in Druck, Stress, Schuld, Ängsten, Zweifeln, Groll, Wut, Aggressionen, Blockaden, Depressionen usw. Das sind alles nur »menschliche Erfindungen«.

Schlafen Sie mit einem DANKE ein, beenden Sie damit den Tag und beginnen Sie ihn nach einer erholsamen Nacht nach dem Aufwachen zuerst mit einem tiefen DANKE für alles, was ist und was Sie haben.

6.6 Immer im Fluss der Bewegung bleiben (WAI WAI)

❋ Mit HOLO HOLO lebt es sich leichter

Starre, Widerstand und Stillstand sind immer als entsprechendes Programm die Ursache von Krankheiten, Störpotenzialen, Schmerz und Leid. Demgegenüber ist Bewegung, Dynamik, Schwingung in einem harmonischen Rhythmus die Garantie für ein gehaltvolles und glückliches Leben.

Auf und mit dem »Weg der Mitte« zu gehen bedeutet, die eigenen Glaubenssätze, Gedankenprogramme und Gefühlsmuster nicht als für alle Zeiten festgeschrieben anzusehen, sondern je nach Lernaufgabe permanent infrage zu stellen. Ist die ursprüngliche Zielsetzung noch aktuell – oder gehört sie der jeweiligen Situation angepasst und vielleicht geändert? Entspricht sie nach wie vor der universalen Ordnung, den Geistigen Gesetzen, den Lebensweisheiten, dem Kosmischen Plan, der eigenen Ethik und den persönlichen Moralvorstellungen?

Im Umgang mit Negativpotenzialen, von den Hawaiianern als »Steine im Weg« bezeichnet, standen den alten Weisen und Schamanen neben dem

HOLO HOLO = »immer locker bleiben«

verschiedene andere, sehr wirkungsvolle Methoden zur Verfügung, u.a. NALA – der »Weg der Mitte«. Die wichtigsten werden nachfolgend kurz vorgestellt.

❉ Der »Weg der Mitte« (NALA)

Das Ziel von NALA

»Immer im Fluss der Bewegung bleiben«
(WAI WAI)

wird mit den folgenden Grundsätzen verstärkt:

Suchen Sie den Weg der Mitte.
Haben Sie immer ein eindeutiges, klares und
festes Ziel vor Augen.
Gehen Sie den Weg angepasst an Ihr Umfeld.
Gehen Sie den Weg, ohne den Widerstand zu suchen.

GEHEN SIE DEN WEG OHNE ERWARTUNGEN UND WERTUNGEN. LÖSEN SIE WIDERSTAND UND STARRE IM UND DURCH FLUSS AUF. BEHARREN SIE NIE FANATISCH AUF ETWAS.

POSITIV (+) und NEGATIV (–) sind also rein energetische Gegensätze ohne allgemeine Wertigkeit. Letztere entsteht als »gut und böse«, »gut und schlecht« usw. nur im Rahmen einer individuellen subjektiven Betrachtungsweise als emotionales, persönliches Empfinden. Dieses schränkt im

Glauben = Denken + Fühlen

die eigenen Möglichkeiten des Agierens außerordentlich stark ein. Probleme werden dabei immer als Herausforderungen angesehen, die es anzuschauen, anzunehmen, zu bearbeiten und – mit einem Lerneffekt verbunden – aufzulösen und loszulassen gilt. Schwierigkeiten werden also nicht ausgeklammert und bekämpft, wodurch man Emotionen wie Schuld, Angst, Druck, Wut oder Groll aufbaut, die wertvolle Energie binden, sondern als Chance angesehen, in der eigenen Evolution mit

Entwicklung durch Erfahrungen (NAI MEA)

weiterzukommen, indem wichtige neue Lernerfahrungen gemacht werden.

Der Weg der Mitte zeigt die Umsetzung erlangter Weisheit im praktischen Tun.

✤ **Uneingeschränkte Wertschätzung der eigenen – auch negativen – Kreationen (HO'POMAIKA)**

Zielsetzung

»Ich bin die Macht und die Gegenwart der göttlichen Urquelle. Ich bin ein vollkommener universaler Co-Schöpfer.«

Im »Spiel des Lebens« ist die persönliche Lernerfahrung sowohl von positivem als auch von negativem Charakter, damit also sowohl aktiv, mit Impuls versehen, ausströmend und Energie aufbauend als auch passiv, ohne Impuls ausgestattet, eindrehend und Energie absorbierend. Letztere schwingen linksdrehend, ziehen sich zusammen und bilden energetische, feinstoffliche und physische Verdichtungen. Diese kommen verstärkt aus dem Universum wieder zurück, führen zu Krankheiten, Schmerz und Leid. Sie bilden auch die Grundlagen für negative Erinnerungen. Hier hilft:

Die Neubewertung von Schuldprogrammen (HEWA)

In Ihrer persönlichen Entwicklung und individuellen Evolution bringen negative Informationen Sie meistens weiter als positive. Sie vermitteln Ihnen mehr wichtige Lernaspekte. Und nur darum geht es. Es ist notwendig, sich diesen Sachverhalt zu eigen zu machen, dann verlieren Schuld-Programme ihre belastende Bedeutung.

Denken Sie immer an das, was eingangs bereits festgestellt wurde:

**Es gibt nur einen Einzigen,
der Sie für etwas schuldig sprechen kann:
Der sind Sie selbst.
Und es gibt deshalb auch nur einen Einzigen,
der Sie von einer (subjektiv empfundenen)
Schuld freisprechen kann:
Der sind ebenfalls Sie selbst.**

Schuld entsteht nur dann, wenn Sie einen bestimmten Sachverhalt subjektiv als Schuld wahrnehmen, bewerten, annehmen, anerkennen und speichern. Dieses individuelle Programm ist dann Ihre eigene Schöpfung, Ihre Kreation, die Sie wertschätzen sollten, weil Sie dadurch in Ihrem Lernprozess weitergebracht wurden.

HO'POMAIKA wurde in der hawaiianischen Tradition deshalb vor allem für Negativpotenziale im Gefühlsbereich sehr erfolgreich eingesetzt. Bearbeitet wurden belastende Programme wie:

- Druck, Stress, Starre, Widerstand
- Schuld, Angst, Angst vor Schuld
- Zweifel, Unsicherheit, Ohnmacht, Hilflosigkeit, Orientierungslosigkeit
- Mangel an Entscheidungen
- Wut, Ärger, Groll
- Aggressionen und Depressionen

- Mangelndes Selbstwertgefühl und Eigenliebe
- Scham, »schlechtes Gewissen«, Enge
- Mangel an Loslassen, Vergebung und Selbstvergebung
- Hochmut, Arroganz, Fanatismus, Manipulation
- Missgunst, Hass, Rachsucht, Eifersucht
- Neid, Geiz, Kritiksucht
- Schock, Trauer, emotionale Enttäuschung
- Selbstzerstörung und Sucht

Praktische Vorgehensweise

Festlegung des Themas

- Festlegung des Themas über negative, als Druck, Schmerz, Kälte, Starre, Enge empfundene Körperreaktionen des »dunklen Spiegels« in Form von UNBEHAGEN (erster »Schlüsselbegriff«).
- Aufspüren von psychischem oder physischem Unbehagen: Wie – wo – wann? Was sagt es Ihnen?
- Mit welchem Negativprogramm gehen Sie in Resonanz? Was ist jetzt Ihr Thema?

Eintauchen in das empfundene Unbehagen

Sie wenden folgende meditative Übung an und visualisieren die nachfolgenden Sachverhalte:

- Nachdem das Thema in Gedanken, Gefühlen und Körperreaktionen deutlicher geworden ist, machen Sie sich dieses ganz zu eigen.
- Konzentrieren Sie sich auf das Thema und die Körperreaktion in Form des auftretenden UNBEHAGENS.
- Visualisieren Sie das Eintauchen in das körperliche Unbehagen spiralförmig linksdrehend in den Körper hinein, meist im Nabelbereich.
- Bewegen Sie sich tiefer und tiefer wie in einen Tunnel hinein.
- Stellen Sie sich vor, dass der Tunnel in einen Höhleneingang übergeht.
  - Sie empfinden dies mit Ihren Sinnen (möglichst hautnah und intensiv vorstellen):
  - Sie sehen nur schemenhaft Steine und Felsen.
  - Sie hören das Tropfen von Wasser.
  - Sie riechen die modrige Luft.
  - Sie spüren die raue Felsformation unter Ihren Händen.
  - Sie empfinden die zunehmende Enge.
- In der eigenen Vorstellung mündet der Höhleneingang in eine durch Licht von oben schwach erleuchtete Höhle.
- In der Höhle befinden sich gemäß Ihren Visualisierungen Gegenstände wie Fässer oder Luftballons oder Eier oder Behälter (nach eigener Wahl) als für Sie stimmige Bilder.

- Die Fässer, Eier oder Ballons usw. sind
  - unterschiedlich groß,
  - deformiert, dreckig, schmutzig bemalt oder
  - schön geformt, bunt in freundlichen Formen und Farben.
- Sie stellen Symbole Ihrer positiven und negativen Erinnerungen dar, Ihrer Kreationen aus früheren Leben als gebundene Information in verdichteter Energie, erfahrbar in physisch-materiellem Stoff durch Ihren Körper.
- Nachdem Sie ein negatives Ausgangsthema hatten und körperliches Unbehagen verspürt haben, wenden Sie sich intuitiv nunmehr einem dunklen, großen, schmutzigen, formlosen Gegenstand (Fass, Ei oder Ballon usw.) in der Höhle zu. Dieser zieht Sie magisch an.
- Sie nehmen diesen Gegenstand in die Arme und drücken ihn fest an sich.
- Auch als (im vorliegenden Falle) negative Kreation aus verschiedenen Leben mit demselben Thema und deshalb gleichschwingenden Energiefeldern drücken Sie diesem Gegenstand nun ausdrücklich und spürbar Ihre WERTSCHÄTZUNG (zweiter »Schlüsselbegriff«), Anerkennung und Liebe aus.
- Leise sagen Sie innerlich zu dem Gegenstand in Ihren Armen:
  - »Ich bin dein Schöpfer, ein universales Wesen, die Macht der göttlichen Urquelle.«
  - »Ich habe dich erschaffen: zum selben Thema in verschiedenen Leben. Die darin gebundene Energie hat dich wachsen und größer werden lassen. Sie hat sich verdichtet und eine einheitliche stoffliche Form gebildet.«

- »Die mit dir (und dem betreffenden Thema) verbundene Lernaufgabe ist nunmehr abgeschlossen. Ich als dein Schöpfer ziehe jetzt die in deiner stofflichen Form gebundene und gespeicherte Energie wieder heraus.«

- Stellen Sie sich dies möglichst konkret in Bildern vor, spüren Sie dabei den Energiestrom vom Gegenstand zu sich selbst und nehmen Sie diesen Energiestrom bei sich selbst an der mit dem Thema verbundenen Körperstelle als Kribbeln, Wärme, Wolke deutlich wahr.
- Mit dem Verlust an Energie wird der Gegenstand (Fass, Ei, Ballon etc.) kleiner und kleiner, bricht am Ende des Prozesses zusammen und löst sich in nichts auf.
- Aus der Sicht der Quantenphysik kommt es zum »Kollaps der Wellenfunktion« nach Erwin Schrödinger.
- Der stofflich-materielle Aspekt als verdichtete Energie verschwindet. Die über das jeweilige Ego über viele Leben in das Thema hineingeflossene Energie ist nunmehr als Gesamtpaket bei Ihnen. Die Information besteht weiter als individuell und universal gespeicherte Lernerfahrung in Ihrem eigenen Langzeitgedächtnis sowie im universalen Nullpunktfeld.
- Ihre stoffliche Verdichtung zum Thema löst sich auf und verschwindet – und somit (eigentlich) auch Ihr Problem.

Die nachweisbare Wertschätzung von Thema und Vorgang, verbunden mit der Dankbarkeit für die erfolgte positive Transformation, sind als Zunahme von Energie und Eigenliebe nachzuempfinden. Das vorher bestandene Negativpotenzial ist weg.

Der Prozess der TRANSFORMATION (dritter »Schlüsselbegriff«)

»Ich bin ein grenzenloses Wesen mit unerschöpflicher Energie und unendlichem Bewusstsein.«

Das Ich als Steuerinstanz der rechten, kreativ-schöpferischen, subjektiven und nach innen gerichteten Gehirnhälfte kreiert nunmehr neue, hochwertige Muster im universalen Nullpunktfeld und füllt diese mit hoch schwingender Energie. Diese verdichtet sich materiell zu drei- bis vierdimensionalen Hologrammen als neuer, virtueller Wirklichkeit.

Dies bekräftigen Sie laufend (laut) mit den folgenden Affirmationen.

- Ich bin uneingeschränkt in meiner Kraft.
- Ich erweitere stetig alle Ebenen meines physischen Hologramms.
- Ich tue, was mir Freude macht.
- Ich lebe in der Fülle.
- Ich liebe mein Leben.
- Ich lebe achtsam, bewusst und intensiv im Augenblick des Hier und Jetzt.
- Ich tue, was mich motiviert und inspiriert.
- Ich bin voller Vertrauen, Dankbarkeit, Lockerheit, Leichtigkeit, Freude, Frieden und Liebe.
- Ich mache alles richtig.
- Ich lebe frei von Schuld, Ängsten und Sorgen.

- Ich lasse alles Negative, Belastende und Einschränkende los.
- Ich habe uneingeschränkt und immer Zugang zum Nullpunktfeld und der grenzenlosen Nullpunktenergie des Universums.
- Ich lebe immer in einer positiven Wertschätzung allen Lebens und Seins auch in Form von Geld und stetigem materiellem Fluss.
- Ich setze immer die richtigen Ziele in meinem Leben.
- Ich bin ein göttlicher Co-Schöpfer: ewiges, vollkommenes, wechselseitig mit allem Sein verbundenes, grenzenloses, universales Bewusstsein.
- Ich bin die Macht und die Gegenwart der göttlichen Urquelle.

7 Tagesrückblick und -ausklang

7.1 Bestandsaufnahme

Am Ende des Tages wurde früher und wird auch heute noch eine Bestandsaufnahme über das Erreichte – nach althawaiianischer Tradition im Soll-Ist-Vergleich – vorgenommen. Die Tagesplanung wird geprüft und mit dem tatsächlichen Ergebnis verglichen. Dies geschieht in Bezug auf die Zeit und die einzelnen Stunden des Tages, auf materielle Beiträge sowie auf die eingesetzte Energie. Abweichungen werden später in der Planung berücksichtigt.

Eventuell aufgetretene, ungeplante Negativpotenziale wurden früher sofort im Rahmen der Großfamilie mit der Methode des HO'OPONOPONO aufgelöst. Damit sollte verhindert werden, dass sich Negativerfahrungen ausbreiteten und weiterentwickelten.

7.2 Reinigung und Auflösung von Negativpotenzialen durch HO'OPONOPONO

❇ Zielsetzung

Mit Hilfe von HO'OPONOPONO (= die »innere und äußere Ordnung wiederherstellen«) werden Sachverhalte im Innen und Außen miteinander verbunden und einseitige, negative Störpotenziale durch die grenzenlose Liebe der Urquelle im Zentrum des Herzens jedes Menschen aufgelöst.

❊ Praktische Anwendung

HO'OPONOPONO ist grundsätzlich und uneingeschränkt für alle Sachverhalte, für jeden Einzelnen und sämtliche Schwierigkeiten anwendbar.

HO'OPONOPONO ist tatsächlich ein »Wunderheilmittel«.

Fragen, die Sie mit HO'OPONOPONO beantworten können:

- Auf welche Sachverhalte reagieren Sie im Außen?
- Mit welchen Themen gehen Sie in Resonanz?
  - Kriege auf der Erde, Aggressivität und Hass zwischen Religionsgruppen?
  - Schmerzen und Leiden anderer?
  - Politische Ungerechtigkeiten, soziale Unruhen, Naturkatastrophen, Hungersnöte, menschliche Einzelschicksale?
- Was hält Sie davon ab, einen »Beruf als Berufung« zu haben, erfolgreich, glücklich, zufrieden und gesund zu sein, immer über genug Geld zu verfügen?
- ...

Anliegen, die Sie mit HO'OPONOPONO klären können:

- Schwierigkeiten in der Familie
- Probleme mit Kollegen am Arbeitsplatz
- Körperliche Störungen
- Finanzielle Sorgen und Existenzängste

- Probleme mit Behörden
- Streit mit den Nachbarn
- Ärger über »nervige« Verkehrsteilnehmer
- Spannungen im Umfeld
- Misserfolge beim Führen einer harmonischen Partnerschaft
- ...

Vorgehensweise

Zu Beginn beschäftigen Sie sich intensiv mit dem Thema, indem Sie sich in Form eines »Brainstormings« Notizen dazu auf einem Blatt Papier machen. Danach sortieren Sie den Inhalt und geben ihm intuitiv ein beliebiges Codewort, durch welches Sie immer den Bezug zum Thema herstellen.

Anwendung des Rituals

Jeden Satz jeweils 7-mal sprechen: möglichst mit einem beliebigen Codewort zum jeweiligen Thema und einer Extraladung von Willensenergie (MANA MANA) am Schluss wiederholen.

I. LANGVERSION

(Jeden Satz 7-mal möglichst laut hintereinander sprechen)

– BITTE –

1. »Ich bin verantwortlich.« (Codewort)

2. »Es tut mir leid.«

3. »Ich entschuldige mich.« (→ STOFF)
   »Ich bedanke mich dafür, dass du mir verzeihst.«
   (→ ENERGIE)
   »Ich bedanke mich dafür, dass du mir vergibst.«
   (→ INFORMATION)
   »Ich vergebe dir/euch!«
   »Ich vergebe mir!«

   EGO ME ABSOLVO.
   »Ich spreche mich frei von jeglicher Schuld.«

4. »Ich danke für mein Sein.«
   »Ich danke für meine gemachten Erfahrungen.«
   »Ich danke für die für mich und für uns beste Lösung.«

5. »Ich liebe mich.«
   »Ich liebe mich und dich/euch.«
   »Ich liebe dich, AKUA, Urquelle im Zentrum meines Herzens, und danke dir dafür, dass du alle mit (Codewort) verbundenen Negativpotenziale in mir jetzt mit Liebe heilst.«

6. »Ich lasse alles in mir noch zum Thema verbliebene Negative im Innen und Außen endgültig los!«

7. »Heilung mit Liebe geschieht im Hier und Jetzt.«

8. AMAMA – Es ist getan!

   – DANKE –

II. VERSION von DR. LEN

(Jeden Satz 7-mal möglichst laut hintereinander sprechen)

»Es tut mir leid.«
»Bitte vergib/vergebt mir.«
»Ich danke dir/euch.«
»Ich liebe dich/euch.«
} + eventuell Codewort

III. KURZVERSION des Autors

(Jeden Satz 7-mal möglichst laut hintereinander sprechen)

»Heilung mit Liebe geschieht im Hier und Jetzt.« } + Codewort

HAWAII'S

8 Einschlafen am Abend

8.1 Positive Eigenprogramme

❋ Die tägliche Meditation zur Selbstfindung (HO'OMALU)

In einer stillen 10- bis 15-minütigen Meditation (KULIKE) wird bewusst ein Zustand der inneren Harmonie eingeleitet und die Selbstfindung durch die persönliche Annahme der eigenen Göttlichkeit gesucht. Dies alles geschieht im Einklang mit der göttlichen Urquelle AKUA im »Zentrum unseres Herzens« und dem Leben des eigenen Gottmenschentums, wie anhand der Meditations-CD »Durch Erleuchtung zur Erlösung« nachzuvollziehen ist. Hilfreich ist hierbei auch das folgende Gebet:

»Ich bin ein Kind Gottes – ein Kind des Universums.
Wie die Steine, die Pflanzen, die Tiere und die Sterne
habe ich das Recht, hier zu sein.
Als Essenz von ›Ich bin ich‹ bin ich ein reines
und vollkommenes Kind Gottes, beschützt und geführt
von meinem Hohen Selbst.
Kosmisches Licht und göttliche Liebe fliessen durch mich.
Ich bin Fülle. Ich bin Vollkommenheit.
Ich bin Energie. Ich bin Freude.
Ich habe die Kraft,
in mir selbst persönliches Wachstum,
Erfolg und Glück zu erschaffen und zu erhalten.

WIE IN MIR SELBST KANN ICH DIES AUCH
AN ANDERE WEITERGEBEN, SOFERN SIE ES ANNEHMEN MÖCHTEN.
ICH BIN EINS MIT DEM LICHT IN MIR UND AUSSERHALB VON MIR.
ICH BIN LICHT. ICH BIN ICH.«

❉ Mit positiven Programmen einschlafen

Während des Schlafes ruht das Mittlere Selbst von Ego-Verstand und Ich-Vernunft im Kopfhirn, während das Hohe Selbst als »Botschafter Gottes in uns« und Steuerinstanz des Überbewusstseins im Zwischenhirn mit der persönlichen spirituellen Identität niemals schläft. Es befindet sich immer im Zustand des Hier und Jetzt, schützt, führt, kontrolliert den Kosmischen Plan und stellt die Verbindung zu höheren himmlischen Hierarchien her. Auch das Untere Selbst (Inneres Kind) schläft nicht, sondern versucht – teilweise mittels Astralreisen – die Anordnungen des Mittleren Selbst vor dem Einschlafen zu erfüllen.

Deshalb ist es von fundamentaler Bedeutung, vor dem Einschlafen nur positiv zu denken und zu entscheiden, um so das eigene Leben bewusst in der Grenzenlosigkeit von Raum und Zeit und der All-Einheit allen Seins zu gestalten. Es ist im Universum von allem für jeden in jeglichem Moment (→ Zeit) und in jeder Hinsicht (→ Raum) genug da.

Dabei folgt der Erkenntnis der »inneren Fülle« zwangsläufig auch die »äußere Fülle«, da sich Letztere im Inneren des Men-

schen erst entwickeln muss, um nach dem 6. Geistigen Gesetz der Resonanz wirken zu können.

Alles, was man als Impuls (Glaubenssatz, Gedanken, Gefühle, Worte und Taten) aussendet, kommt auch wieder zu einem zurück, und alles, was zu einem (als Resonanz) zurückkommt, hat man zu einem früheren Zeitpunkt (vielleicht in zurückliegenden Inkarnationen) auch ausgesendet.

Es gibt kein Geistiges Gesetz des Mangels.

- Ich lebe Freude (OLI OLI) und ersetze aufkommende Impulse der Angst und des Zweifels durch solche der Fröhlichkeit, Leichtigkeit, Freude und Sicherheit.

- Freude bestimmt mein Dasein.
- Ich lebe HOLO HOLO bewusst in Lockerheit, Harmonie und innerem Frieden.

8.2 Die gezielte Programmierung von Erfolg (HOLO PONO)

Am Beginn dieses Prozesses der bewussten, positiven Neuprogrammierung von vergangenen, einschränkenden Glaubenssätzen, Gedankenprogrammen sowie Gefühlsmustern steht das Bearbeiten behindernder Erinnerungen im Sinne von Matthäus 5,44:

»Liebet eure Feinde.«

Feinde sind dabei keine leiblichen, persönlichen Gegner, sondern Erinnerungen, die möglicherweise bereits über längere Zeit hinweg in den verschiedenen Auraebenen und im Langzeitgedächtnis der physisch-grobstofflichen Körperzellen gespeichert sind und den betreffenden Menschen davon abhalten, beispielsweise im heutigen Leben erfolgreich zu sein.

In diesem Sinne können wirken:

- Seelenverträge, Flüche, Gelübde
- Glaubenssätze, Gedankenprogramme = mentale und Gefühlsmuster = Emotionale
- Verwünschung, Schwur, Eid, Bann
- Verbote, Selbstzerstörungs- und Suchtprogramme

- Verdichtungen als selbstständige Wesenheiten wie Larven, Schemata, Phantome und Implantate
- Anheftungen

Durch ihre Programmierung, Information, Energie und Speicherung im Zellgedächtnis hindern Negativpotenziale den einzelnen Menschen daran, sein neues Programm (z. B. erfolgreich zu sein) anzunehmen, anzuwenden, zu realisieren und zu leben.

Durch HOLO PONO werden nunmehr derartige »Feinde« (d.h. Erinnerungen), die zu negativen Sachverhalten auch in diesem Leben geführt haben, gelöscht. Es gilt allgemein der Sachverhalt:

4-mal die BITTE als Einstimmung:
»Ich habe eine Schwierigkeit. Diese ist ...
[Bsp.: Ich bin erfolglos in meinem Beruf].
Ich weiß, dass diesem Sachverhalt (dieser Schwierigkeit) ein Programm zugrunde liegt,
das ich in jedem Moment (→ Zeit) und
in jeder Hinsicht (→ Raum) ändern kann.
Dies tue ich als freie Willensentscheidung JETZT.
Ich will, dass diese Schwierigkeit verschwindet.
JETZT! In diesem Augenblick.
Mein neues Programm ist: ...
[Bsp.: Ich bin erfolgreich!]
Dies [Bsp.: Erfolg] steht mir zu.
Ich nehme es dankbar an.
JETZT! In diesem Augenblick.«
4-mal DANKE als Abschluss.

HOLO PONO führt dazu, dass einzelne Menschen, Familien und Gemeinschaften im Einklang mit der universalen Ordnung leben, im stetigen Fluss der vollständigen Harmonie mit dem großen Ganzen. Dies schließt u. a. auch das Geistige Gesetz der Fülle ein, welches neben finanziellem und materiellem Erfolg auch den allgemeinen Bewusstseinszustand des inneren und äußeren Reichtums umfasst.

Hierbei helfen die folgenden Affirmationen:

»Ich befinde mich im absoluten Einklang mit der kosmischen Fülle.«
»Ich bin eins mit der kosmischen Fülle.«
»Ich bin es wert, erfolgreich und glücklich zu sein.«
»Glück und Erfolg stehen mir zu.«

Ziel von HOLO PONO ist die bewusste Teilnahme des einzelnen Menschen am ganzheitlichen Fluss des Lebens im absoluten Vertrauen zur liebenden Urquelle und im Einklang mit der universalen Ordnung im mühelosen Streben nach und Verwirklichen von Gesundheit, Harmonie, Glück, Erfolg, Fülle, Reichtum und Frieden. Hierzu gehört auch und vor allem die persönliche innere Unabhängigkeit von tiefsitzenden negativen Erinnerungen.

8.3 Das Wunschgebet (HAIPULE) für die persönliche, bewusste Schicksalslenkung

❈ Grundlagen

Im Rahmen von HUNA HUNA, dem »Geheimnis des Geheimnisses«, umfasste das Wunschgebet HAIPULE früher und heute die Komponenten:

HA:	harmonischer Rhythmus des Atems des Schöpfers und Lebens
I:	IKE = Bewusstheit des Bewusstseins (MANA'O)
PULE:	Gebet

Ursprünglich war HAIPULE nur wenigen Eingeweihten bekannt, die damit ihre hervorragenden Fähigkeiten und ihre außergewöhnliche Stellung aufgrund ihrer Zielsetzung, ihres Bewusstseinsstandes (MANA'O) und ihrer »positiven Finalvorstellung« des bereits erfüllten Zustands erschufen und ausbauten.

❊ Notwendige Vorbereitungen

Nach Meinung der alten hawaiianischen Weisen (KUPUNAS), Lehrer (KUMUS) und Schamanen (KAHUNAS) lebten und leben wir Menschen in jedem Moment und in jeder Hinsicht in einem eigenen Universum, in dem wir aus der feinstofflichen Außenwelt (AO) mit Hilfe des Hohen Selbst und einer eigenerschaffenen Willensenergie (MANA MANA) in der sichtbaren, materiellen Realität der Innenwelt (PO) grobstoffliche Verdichtungen unserer Gedankenformen erschaffen. Dabei ...

- ist der Gedanke als Informationsimpuls immer zuerst;
- gilt im Rahmen der Gedankenfestlegung immer die Möglichkeit der freien Entscheidung im Sinne von

Wille = Wahl!

HAIPULE wird wie folgt vorbereitet:

1. Innere Sammlung – Stille – Zentrierung stehen am Anfang.
2. Kontakt zu AKUA und Lichtwesen wird aufgenommen.
3. Die Harmonie der Selbste (»lichte Seiten« von AUMAKUA, UHANE, UNIHIPILI über 50 Prozent hinaus) wird aufgebaut.
4. Eine MANA-Aktivierung wird vorbereitet.
5. Der Aufbau von MANA-MANA-Ladungen (Willensenergie) wird eingeleitet.
6. HO'OPONOPONO wird in alles gegeben, was einer Wunscherfüllung entgegenstehen könnte.

Einige der bisher aufgeführten HUNA-Praktiken helfen, die in der Vergangenheit entstandenen Negativpotenziale, von den Hawaiianern als »Steine auf dem Weg« bzw. »Blockaden des Pfades« bezeichnet, zu bearbeiten und aufzulösen. Sonst ist eine Kommunikation zwischen den drei Selbsten – Mittleres, Unteres und Hohes Selbst der drei Bewusstseinsebenen Wach-, Unter- und Überbewusstsein – nicht möglich. Außerdem müssen durch Atmung im HA-Ritus und Visualisierung Lebensenergie (MANA) und spezielle Willensenergie (MANA MANA) als verdichtete Lebensenergie in genügender Menge und Dichte zur Verfügung stehen.

✻ Durchführung des Rituals

1. 4 x BITTE
2. Klare Zielsetzung: kurz – präzise – eindeutig – positiv – gegenwärtig – wertneutral.
3. Den Wunsch formulieren und mit Sinneswahrnehmungen, Emotionen und Gefühlen unterlegen.
4. Kontakt vom Mittleren Selbst (MS) zum Unteren Selbst (US) über die AKA-Schnur 1 aufnehmen und um dessen Unterstützung bitten.
5. Wunschpaket als positive Zielvorstellung des bereits erfüllten Wunsches vom MS zum US schicken.
6. Das US lädt das Wunschpaket mit positiven Gefühlen auf.
7. Das US geht vom »schwarzen« (AKA 1) zum »roten« (AKA 2) Telefon und nimmt Kontakt zum Hohen Selbst (HS) auf.
8. Kontakt vom US (lichte Seite) zum HS wird aktiviert.
9. MANA wird vom US zum HS gesendet.
10. Das mit MANA aufgeladene Wunschpaket wird vom US zum HS als positive, bereits erfüllte Zielvorstellung weitergegeben.
11. MANA-MANA-Ladungen werden durch das MS vom US zum HS gesendet.
12. MS und US danken dem HS für die ...
    - Annahme des Wunschpaketes,
    - Annahme der MANA-MANA-Ladungen,
    - Erfüllung des Wunschpaketes.
13. »Lass den Regen des Segens fallen.«
14. Alles loslassen (KALANA).

15. »Danke für die für mich/uns beste Lösung.« (MAHALO)
16. Vertrauen und fester, uneingeschränkter Glaube (MANA'O'IO) an die Wunscherfüllung.
17. »Es ist getan!« (AMAMA)
18. 4 x DANKE

WIEDERHOLUNG:
Regelmäßig völlig identisch wiederholen!

Empfehlenswerte Folgemaßnahmen

- Das Gebet des Öfteren, regelmäßig und identisch im Ablauf und in den Einzelheiten wiederholen.
- Immer genügende Ladungen von MANA und MANA MANA bereitstellen.
- Die positive Finalvorstellung mit MANA und MANA MANA versorgen = »das Füllen des Bechers« (KI'AHA) und »das Wässern des Samens« (ANO ANO).
- Auch im täglichen Leben alles tun, um das Wunschgebet Wirklichkeit werden zu lassen im Sinne von:

»Hilf dir selbst, dann hilft dir Gott.«

Und:

»Es gibt nichts Gutes, außer man tut es.«
(Erich Kästner)

8.4 Aufbauende Affirmationen und Gebete (PULE)

Intensive, mit Inbrunst und Hingabe (möglichst laut) gesprochene Affirmationen und Gebete haben eine außergewöhnliche Kraft und Macht. Das haben auch kürzlich wissenschaftliche Studien eindeutig bewiesen.
Also sprechen Sie oftmals innig und hingebungsvoll, beispielsweise wie folgt:

- Die Bedeutung meiner Erfahrungen und Erlebnisse hängt von meiner Betrachtungsweise ab.
- **Die größte Macht in meiner Existenz stellen meine Gedanken dar, denn »Energie folgt der Aufmerksamkeit«.**
- Ich lasse negative Gedanken los und ersetze sie durch positive.
- Die Ursache meines Schicksals sind meine Gedanken und Erwartungen. Tatsachen sind ihre Folgen. Deshalb bin ich der Lenker meines Schicksals.
- **Ich kann alles – ich will alles.**
- Liebevolle, gütige und verständnisvolle Gedanken stärken mich und andere.
- Meine Gedanken sind Energieimpulse, die auf mich und andere Menschen wirken.
- Die Qualität der von mir ausgesandten Gedanken bedingt und bestimmt auch die Qualität der Gedanken, die ich empfangen kann.
- Das Leben und die Kräfte, die es mir gegeben hat, fragen nicht: »Wo kommst du her?«, sondern: »Wo willst du hin?«

- **Mein wichtigstes Ziel ist es, ein sinnvolles Leben in Gesundheit, Freiheit, Harmonie, Freude, Erfolg, Glück, Liebe und Licht zu führen und in Demut und Dankbarkeit Liebe auf Erden zu leben.**
- Das Vergangene ist vergangen. Innerer Frieden ist nur dann möglich, wenn die Vergangenheit abgeschlossen und verarbeitet ist. Deshalb vergebe ich anderen und mir. Ich lerne und stelle fest, dass die verletzenden Bilder und Erfahrungen der Vergangenheit keine Macht mehr über mich haben.
- **Ich lerne, wachse, reife, liebe.**
- **Das Leben ist schön.**
- **Es geht mir in jedem Moment und in jeder Hinsicht besser und besser.**
- **Ich bin locker, leicht, fröhlich und voller Freude.**

Das folgende Gebet ist im gleichen Wortlaut zu wiederholen. Damit es wirksam werden kann, hat dies möglichst oft – mindestens 4-mal! – zu geschehen:

Ich danke für göttliche Führung und Weisheit.
Ich danke für göttliche Kraft und Wahrheit.
Ich danke für göttlichen Schutz und Segen.
Ich danke für göttliche Gnade und Liebe.

Nach Erhebungen der UNO beten täglich mehr als vier Milliarden Menschen – also mehr als die Hälfte der Erdbevölkerung.

Ausblick

Dank Ihnen, verehrte Leserinnen und Leser, für Ihre Beteiligung an dieser kurzen, aber intensiven Reise durch die leichte und fröhliche Welt der hawaiianischen Lockerungsmethoden und Lebensphilosophien des

HOLO HOLO –
IMMER LOCKER BLEIBEN = »HANG LOOSE«.

Das Leben ist viel zu kostbar, um sich damit zufriedenzugeben, nur zu funktionieren, zu existieren und zu reagieren, aber dabei nicht im Moment ...

... achtsam und bewusst durchs Leben zu gehen.

Sonst übersieht man all die kleinen und großen Schönheiten und Werte, die Mutter Erde, die Natur und unser Umfeld in jedem Augenblick für uns bereithalten.

Erkennen Sie, dass Sie selbst mit dem einmaligen Gottesgeschenk des freien menschlichen Willens der eigentliche Lenker Ihres Schicksals sind. Mit Ihren Gedanken bestimmen Sie Ihre Wirklichkeit durch Ihre Entscheidungen.

Diese kann und muss das Mittlere Selbst im Kopf und im Herzen treffen, da das Untere Selbst (Inneres Kind) als Ihr wichtigster Partner im Leben dies nicht kann. Es hat jedoch die Fähigkeit, (fast) alle Ihre Vorstellungen auszuführen.

Aus der Sicht der »lichten Seite des Inneren Kindes« (KEIKI PONO LONO KUKUI) ist die wichtigste Aufgabe im Leben ...

- Leichtigkeit, Lockerheit, Fröhlichkeit, Freude und eine positive, sinnvolle Lebensqualität bewusst anzunehmen und gezielt zu stärken;
- die einschränkenden, negativen Muster eines Mangels an Eigenliebe, Selbstvertrauen und Anerkennung, von Angst, Schuld, Druck und Stress, von Zweifeln, Unsicherheit, Wut und Trauer, Starre, Ohnmacht, Schmerz und Leid zu kontrollieren;
- vom Negativen ins Positive, von Stress in Freude umzupolen.

Über die Jahrtausende hinweg haben die Hawaiianer und andere Bewohner des Pazifiks über das HUNA-Gedankengut hierbei zahlreiche einfache, wertvolle und funktionierende Methoden des positiven Glaubens, Denkens und Fühlens entwickelt, von denen Ihnen in diesem kleinen Kompaktbuch einige vorgestellt wurden. Nutzen Sie die Chance, sie auszuprobieren und in Ihrem Alltag anzuwenden. Sie werden es nicht bereuen.

In diesem Sinne wünsche ich Ihnen von Herzen viel Erfolg bei Ihrer praktischen Arbeit im Geist von

»HOLO HOLO –
IMMER LOCKER BLEIBEN«!

Genießen Sie Ihr Leben in jedem Moment in Lockerheit, Leichtigkeit, Fröhlichkeit und Freude so intensiv und bewusst, als wäre es der letzte, denn

DAS LEBEN IST SCHÖN –
KAMAHA O'KE OLA!

Ihr
Diethard Stelzl

Literaturverzeichnis

A

Aivanhov Omraam, Mikhail: **Die Kraft der Gedanken.**
Allen, James: **Heile deine Gedanken.**

B

Blofeld, John: **Selbstheilung durch die Kraft der Stille.**

C

Chopich, Erika J./Paul, Margaret: **Aussöhnung mit dem inneren Kind.**

D

Duprée, Ulrich Emil: **Heile dich selbst und heile die Welt.**
Duprée, Ulrich Emil: **Ho'oponopono.**

G

Griscom, Chris: **Die Heilung der Gefühle – Angst ist eine Lüge.**

H

Hay, Louise L.: **Heile deinen Körper.**

K

Katz, Mabel: **The Easiest Way.**
King, Serge Kahili: **Begegnung mit dem verborgenen Ich.**
King, Serge Kahili: **Der Stadtschamane – Ein Handbuch zur Transformation durch Huna, das Urwissen der hawaiianischen Schamanen.**
King, Serge Kahili: **Huna – Der hawaiianische Weg zu einem erfüllten Leben.**
King, Serge Kahili: **Ihr Körper glaubt, was Sie ihm sagen.**
King, Serge Kahili: **Weisheiten aus Hawaii.**
Kos, Kala/Selby, John: **Die Huna-Lehre.**
Krotoschin, Henry: **Huna-Praxis.**

L

Long, Max Freedom: **Geheimes Wissen hinter Wundern.**
Long, Max Freedom: **Kahuna-Magie.**
Long, Max Freedom: **Selbstsuggestion und Huna-Gebet.**
Long, Max Freedom: **Weisheit der Kahunas.**

M

Mohr, Bärbel und Manfred: **Cosmic Ordering.**

N

Nau, Erika: **Selbstbewußt durch Huna.**

P

Pearsall, Paul Ka'ikena: **Aloha – die Lust am Leben.**

S

Schmidt, K.O.: **Der geheimnisvolle Helfer in dir.**
Schmidt, K.O.: **Neue Lebensschule.** (3 Bände)
Stelzl, Dr. Diethard: **Atmung und Lockerung – Heilen mit kosmischen Symbolen.** CD.
Stelzl, Dr. Diethard: **Auf der Suche nach der einen Wahrheit – Quantenphysik und Huna.**
Stelzl, Dr. Diethard: **Das Huna-Kompendium – Therapeutische Anwendungen der schamanischen Weisheit Hawaiis.** Band 1.
Stelzl, Dr. Diethard: **Die Entwicklung des Lichtkörpers.**
Stelzl, Dr. Diethard: **Durch Erleuchtung zur Erlösung – Spirituelle Berührungspunkte von Quantenphysik und Huna.**
Stelzl, Dr. Diethard: **Element Luft – Heilen mit kosmischen Symbolen.** CD
Stelzl, Dr. Diethard: **Heilung geschieht – Heilen mit kosmischen Symbolen.** CD
Stelzl, Dr. Diethard: **Ho'oponopono – Heilung mit Liebe.**

Stelzl, Dr. Diethard: **Ho'oponopono – Reinigungsgebet für die Menschheit.** CD.

Stelzl, Dr. Diethard: **Huna-Einführung – Ein Praxisbuch.**

Stelzl, Dr. Diethard: **Huna Huna – Mit Ho'oponopono und Haipule zum Leben der Träume.**

Stelzl, Dr. Diethard: **Im Einklang mit der universalen Ordnung.**

Stelzl, Dr. Diethard: **Mein Gebet – Heilen mit kosmischen Symbolen.** CD

Stelzl, Dr. Diethard: **Spirituelles Heilen.** (2 Bände)

Stook, Victoria E.: **Ho'oponopono.**

T

Tepperwein, Kurt: **Das Huna-Geheimnis.**

Wirkungsweise und Zusammenhänge der drei Selbste (Blick von hinten)

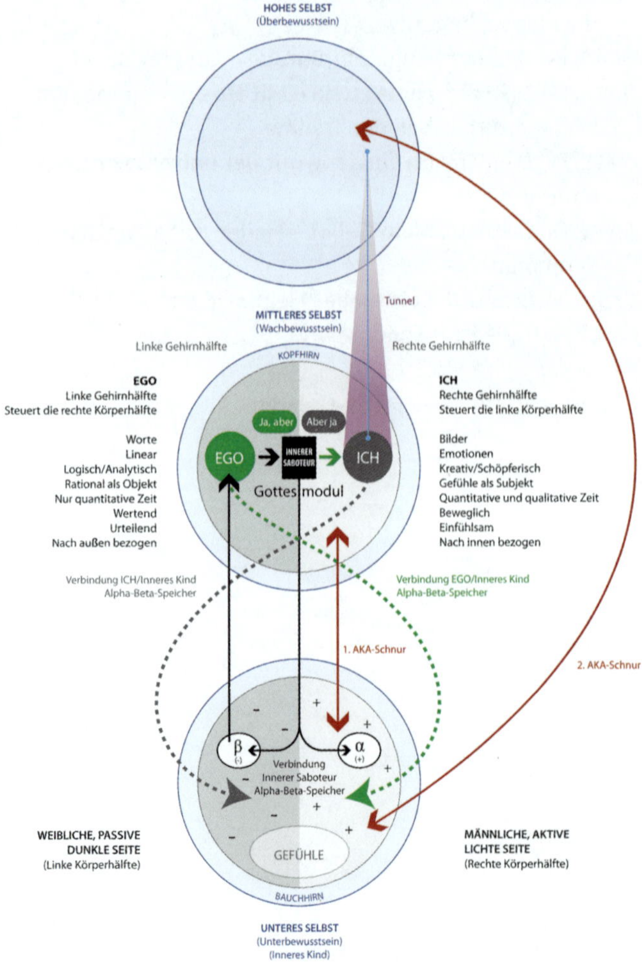

Quelle: Diethard Stelzl: Huna Huna. Darmstadt: Schirner, 2014, Seite 85

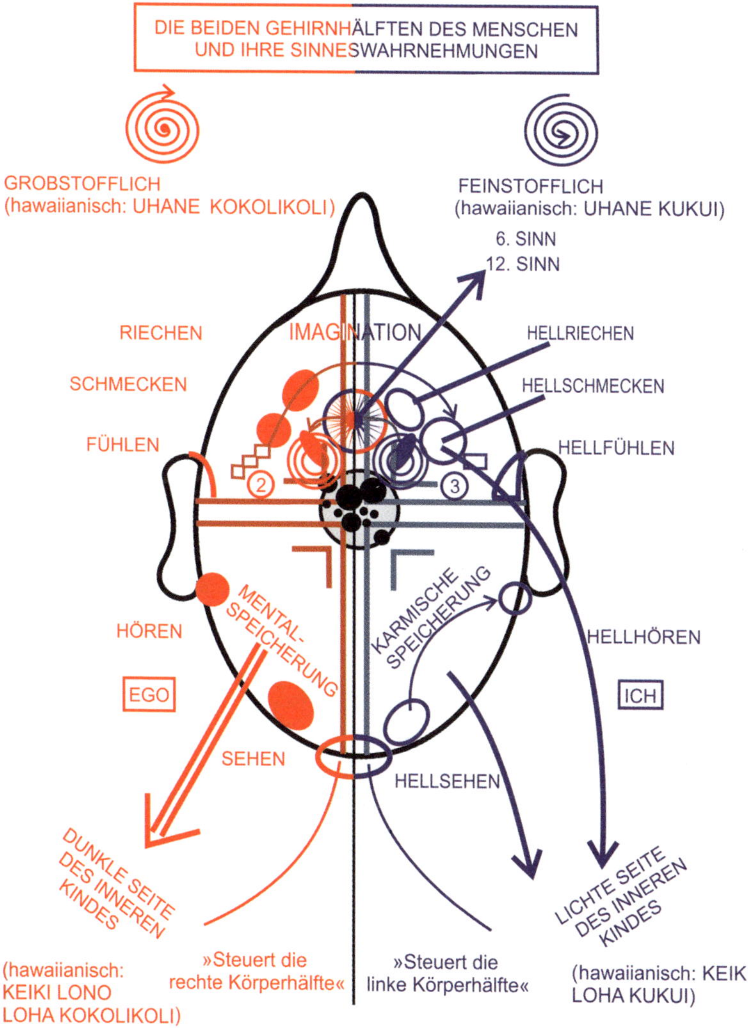
DIE BEIDEN GEHIRNHÄLFTEN DES MENSCHEN
UND IHRE SINNESWAHRNEHMUNGEN
GROBSTOFFLICH
(hawaiianisch: UHANE KOKOLIKOLI)
FEINSTOFFLICH
(hawaiianisch: UHANE KUKUI)
6. SINN
12. SINN
RIECHEN
IMAGINATION
HELLRIECHEN
SCHMECKEN
HELLSCHMECKEN
FÜHLEN
HELLFÜHLEN
2
3
MENTAL-SPEICHERUNG
KARMISCHE SPEICHERUNG
HÖREN
HELLHÖREN
EGO
ICH
SEHEN
HELLSEHEN
DUNKLE SEITE DES INNEREN KINDES
LICHTE SEITE DES INNEREN KINDES
(hawaiianisch:
KEIKI LONO
LOHA KOKOLIKOLI)
»Steuert die
rechte Körperhälfte«
»Steuert die
linke Körperhälfte«
(hawaiianisch: KEIKI
LOHA KUKUI)

Speicherung von Matrixprogrammen im Darmbereich

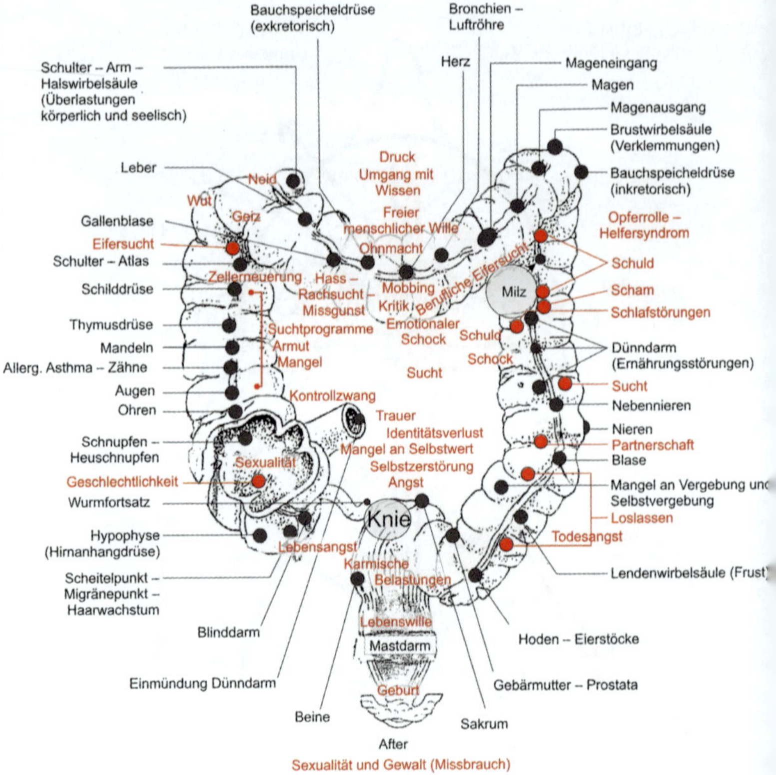

LEGENDE
schwarz: Organe, Körperzonen usw.
rot: Matrixprogramme

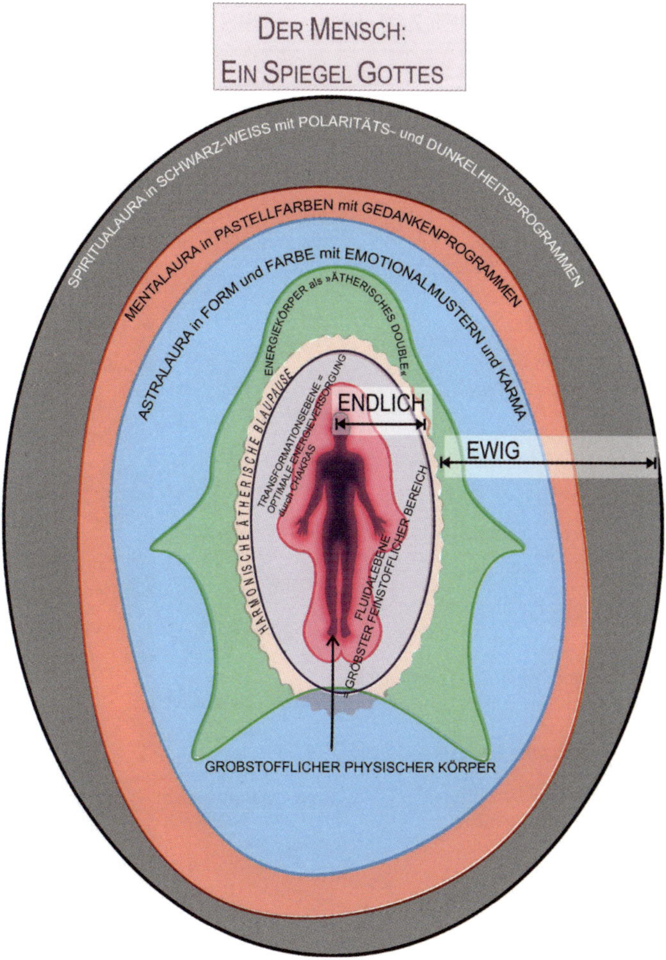

Quelle: Diethard Stelzl: Huna Huna. Darmstadt: Schirner, 2014, Seite 31

KÖRPERZONEN – GEISTIGE GESETZE UND

Nr.	*Körperzone*	*Farbe*
13	Christusbewusstsein	Magenta
12	Kosmisches Bewusstsein	Purpur
11	Alpha-Bereich	Blaue – kalte Farben
10	Scheitel	Violett
9	Stirn – 3. Auge	Indigo – Blau
8	Hals – Thymus – Bronchien	Hellblau, Türkis – Dunkelgrün
7	Herz – spirituell – emotional	Rosa – Lindgrün
	– physisch	Limone
6	Solar Plexus – Nabelzone	Gelb – Goldgelb
5	Unterbauch – Sakral-Bereich	Orange – Hellrot
4	Beckenboden – Wurzelebene	Rot Rote – warme Farben
3	Omega-Bereich	
2	Knie – Unterschenkel	Rostrot
1	Füße	Dunkelrot
		Magenta

NEGATIVPROGRAMME DER »KÜNSTLICHEN MATRIX «

Geistige Gesetze	*Negativprogramme*
Bedingungslose Liebe (13)	Mangel an Liebe und Vertrauen, Identitätslosigkeit, Isolation, mangelnder Lebenswille (1)
Gnade (12)	Verstoß gegen kosmische Pläne, Identitätsverlust, Selbstisolation, Spirituelle Depression
Fülle (11)	Mangel an Besitz, materielle Verhaftung, Unsicherheit, Armut, Mangel an Harmonie, Weisheit, Wissen
Entsprechung: Wie oben – so unten, im Innen wie im Außen, im Kleinen wie im Großen (9)	Wissensmissbrauch, Machtgier, Faulheit, Manipulation, Hochmut
Geschlechtlichkeit (10), Überwindung der „doppelten Polarität"	Sexualitätsprobleme, Todessehnsucht, Lichtmangel, mangelndes Zugehörigkeitsgefühl und Lebensfreude, Selbstzerstörungstendenzen
Harmonie: Geben und Nehmen im Einklang (8)	Sprachlosigkeit, mangelnde Kommunikation, aufgestaute Wut
Kausalität von Ursache und Wirkung (7)	Druck, Energiestau, Groll, Ärger, Eigenwertmangel, Selbstzerstörung, Hass, Abhängigkeit, Leben in Scheinwelten, Sinnlosigkeit, Rache, Sucht
Resonanz (6)	Druck, Schuld, Ohnmacht, Stress, Mobbing, Egoismus, »schwarze Magie«, Machtmissbrauch, Willensenergiemangel
Schwingung und Rhythmus (5)	Angst, Neurosen, Phobien, mangelnde Vergebung, Selbstvergebung und Loslassen
»Vier Gesichter Gottes« (4)	Mangel an Ur-, Gott- und Selbstvertrauen, Erdung, Selbstakzeptanz, Inkarnationsannahme, Trennung von Innen und Außen
Trinität (3)	Mangelndes Loslassen, Nichtannahme von Verlusterfahrungen, Leere, karmische Stauprogramme
Polarität – Dualität (2)	Widerstand, Schmerz, Leid, Starre, Verbitterung, mangelnde Karmaverarbeitung, Freud- und Sinnlosigkeit
Geistigkeit, Einheit, Ganzheit, Vollkommenheit, Wechselseitige Vernetzung (1)	Mangel an Vertrauen, Isolation, Trennung von Innen und Außen

DIE SCHÖPFUNG MENSCH UND DIE WELTFORMEL DER UNSTERBLICHKEIT

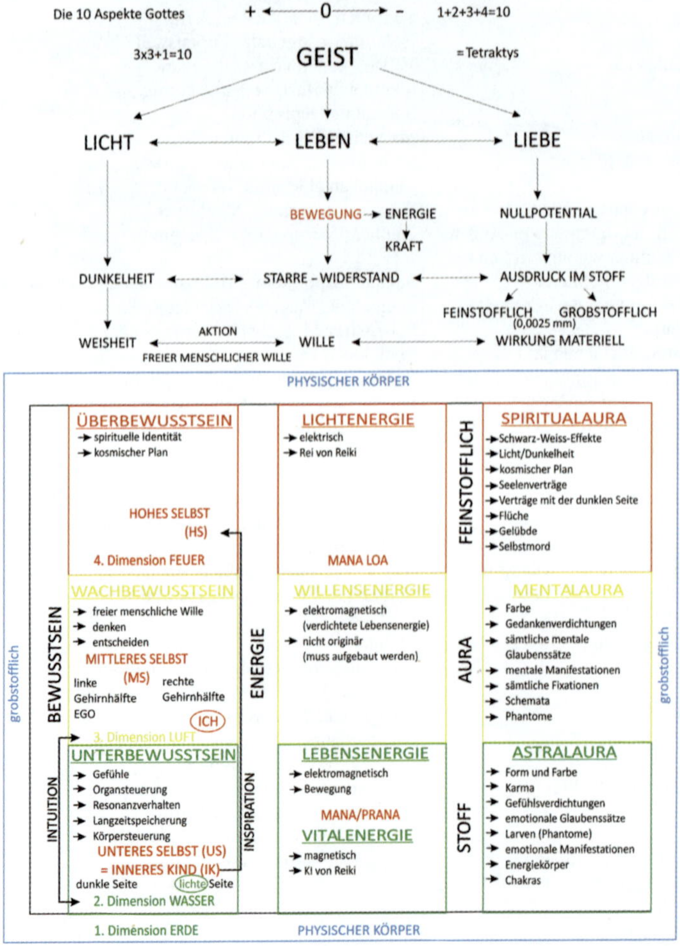

Heilung mit Liebe

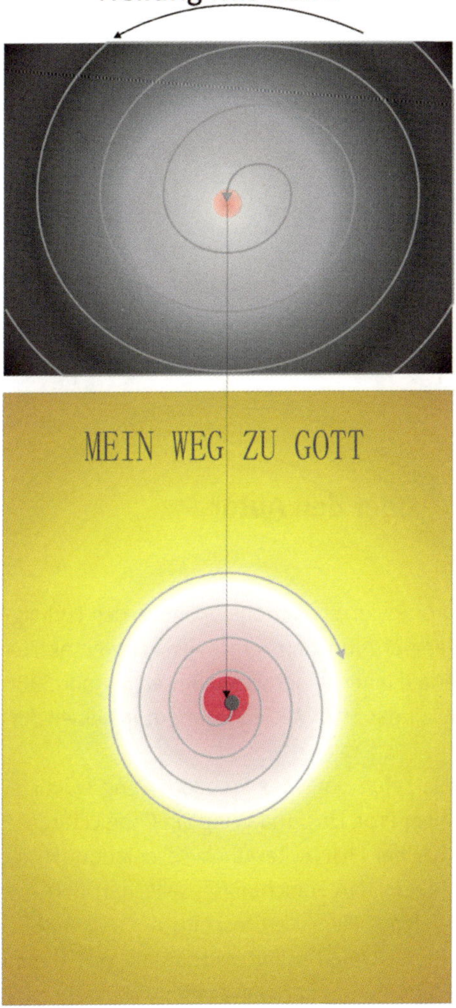

1. Ausgangssituation
linksdrehend
hineingehend
mit Füßen
voraus

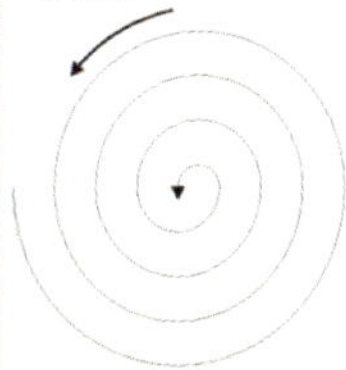

2. PINKFARBENE PUNKTE
liebende Urquelle
AKUA verbinden

3. Endsituation
rechtsdrehend
herausgehen
mit Kopf und Armen
voraus

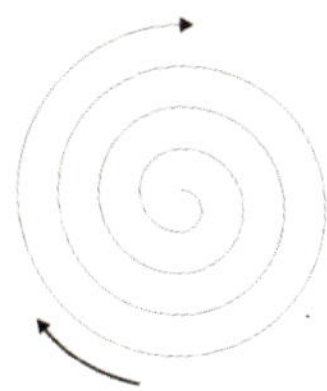

Über den Autor

Diethard Stelzl, promovierter Nationalökonom der Ludwig-Maximilians-Universität München, lernte als weltweit aktiver Textilunternehmer auf einer seiner vielen Reisen im Jahr 1980 »zufällig« auf Hawaii das HUNA-Gedankengut in seinen Ansätzen kennen.

Die traditionelle Lehre von Max Freedom Long erfuhr er bei dessen Nachfolger Prof. Dr. Otha Wingo in Cape Girardeau Miss., USA, dem Sitz der HUNA Research Association (HRA), sowie beim Leiter der HUNA Forschungsgesellschaft (HFG) in Zürich, Schweiz, Dipl. Ing. Henry Krotoschin.

Die angewandte HUNA-Weisheit wurde ihm im Rahmen von mehr als dreißig Aufenthalten auf den hawaiianischen Inseln bei dort lebenden Lehrern (KUMUS), Weisen (KUPUNAS) oder Schamanen (KAHUNAS) vermittelt. Unter diesen waren: Dr. Serge Kahili King, Levon Ohai, Auntie Margarete K. Machado, Auntie Mohna K. Kahele, Mornah N. Simeona, Uncle Holo Holo Nelson, Allen A. Apalele, Lemana und Eddie.

Seit 1994 hält Diethard Stelzl im deutschsprachigen Raum Vorträge und Seminare über HUNA, seit 2001 auch vierwöchige Fachausbildungen mit Diplomabschluss zum HUNA-Begleiter und HUNA-Berater (Letzteres seit 2013 nur noch in seiner Wahlheimat Kärnten).

Er ist Bioresonanzforscher, spiritueller Heiler, REIKI-Meister und -lehrer und erfolgreicher Buchautor.

Diethard Stelzl lebt, was er lehrt, und ist heute einer der wenigen wirklich kompetenten HUNA-Lehrer im deutschsprachigen Raum.

info@huna-seminar.at
www.huna-seminar.at

Wichtiger Hinweis

Die im Buch verwendeten Empfehlungen wurden vom Autor und vom Verlag sorgfältig erarbeitet und geben mehrjährige Erfahrungen wieder. Eine Garantie für ihr Gelingen kann jedoch nicht übernommen werden. Außerdem ersetzen sie in keinem Falle die Behandlung durch einen Arzt Ihres Vertrauens.
Eine Haftung des Autors bzw. des Verlages und seiner Beauftragten für Personen-, Sach- und Vermögensschäden ist ausgeschlossen.

1. Auflage 2015

Fotonachweis:
Fotolia S. 2, 21, 24, 31, 35 (2. Reihe rechts, 4. Reihe links), 36, 39, 45, 52, 56, 63, 64, 68, 71, 77, 79, 83, 84, 90/91, 100, 103, 106, 111, 114;
Shutterstock S. 97 (2. Reihe links)

Weiteres Fotomaterial wurde dankenswerterweise zur Verfügung gestellt von:
Thomas Barth, Claudia Duzzi, Katja Mitgös, Dr. Andreas Nickisch, Dania Negele, Cäcilia Peyer, Alexander Reinhard, Alexander Scharpf, Eva Scheiber, Gerlinde Stelzl-Hartmann

Cover: Sabine Dunst/Guter Punkt, München
Grafiken S. 118 ff.: Dr. Diethard Stelzl und Schirner-Verlag, Darmstadt

Lektorat: Maria Müller-de Haën
Layout: Birgit-Inga Weber
Gesamtherstellung: Karin Schnellbach
Druck: Finidr, Tschechien
ISBN 978-3-86728-281-9